学会自我管理

蒋 菲/编著

图书在版编目（CIP）数据

学会自我管理 / 蒋菲编著. — 北京：中华工商联合出版社，2023.4
ISBN 978-7-5158-2929-6

Ⅰ.①学… Ⅱ.①蒋… Ⅲ.①自我管理–通俗读物 Ⅳ.①C912.1-49

中国版本图书馆CIP数据核字（2020）第 226880 号

学会自我管理

作　　者：蒋　菲
出 品 人：刘　刚
责任编辑：楼燕青
装帧设计：周　源
排版设计：水日方设计
责任审读：付德华
责任印制：迈致红
出版发行：中华工商联合出版社有限责任公司
印　　刷：北京毅峰迅捷印刷有限公司
版　　次：2023 年 4 月第 1 版
印　　次：2024 年 1 月第 2 次印刷
开　　本：710mm×1020mm　1/16
字　　数：150 千字
印　　张：13
书　　号：ISBN 978-7-5158-2929-6
定　　价：58.00 元

服务热线：010－58301130－0（前台）
销售热线：010－58302977（网店部）
　　　　　010－58302166（门店部）
　　　　　010－58302837（馆配部、新媒体部）
　　　　　010－58302813（团购部）
地址邮编：北京市西城区西环广场A座
　　　　　19－20 层，100044
http://www.chgslcbs.cn
投稿热线：010－58302907（总编室）
投稿邮箱：1621239583@qq.com

工商联版图书
版权所有　侵权必究

凡本社图书出现印装质量问题，请与印务部联系。
联系电话：010－58302915

PREFACE | 前言

有这样一个故事，一个穷人碰巧得到了一本从亚历山大帝国图书馆中流失的书。打开一看，在这本书里藏着一样非常有趣的东西——一张薄薄的羊皮纸，上面写着点物成金的秘密，即一块小圆石头能把任何普通金属变成纯金。

羊皮纸上记载着这样一段话：这块奇石在黑海岸边可以找到，它与千千万万的石头在外观上没有两样，找到它的唯一方法是靠触觉——普通石头摸起来是凉的，它却是温的。

于是，穷人变卖了所有的家当，怀着发财的梦想带着简单的行囊，露宿黑海岸边，开始了摸石头。为了避免重复摸到同一块石头，他每捡到一块石头就将它丢进大海里，一年又一年，他仍然坚持着。

突然有一天，他捡到一块特别的"石头"。结果，他习惯性地将它扔进了大海。因为这个动作对他而言早已成了习惯。习惯让他下意识地扔掉了它，从而使多年的等待与梦想成为泡影。

不良的习惯会使你失去你所期待的"石头"，使你对机遇视而不见，阻碍你开发自己的潜能，它甚至会使你的精神紧张，乃至崩溃。

另外，一个人是否善于自我管理，对于一个人的成就而言非常重要。印度雷缪尔集团总经理、哈佛商学院的MBA、伦敦商学院等多所商学院的访问教授帕瑞克博士曾经说过："除非你能管理'自我'，否则你不能管理任何人或任何东西。"

帕瑞克认为，学校教育经常教我们怎样去管理他人和事物，却缺少教育我们怎样去管理自我。因此，这位博士把一半时间用于在全世界讲授自创的"自我管理"课程，他认为一个人最重要的是自我管理。

华人首富李嘉诚先生在谈到自己的成功的秘诀时，也不止一次强调自我管理的重要性。他说："自我管理是一种静态管理。在人生不同的阶段中，要经常反思自问，我有什么心愿？我有宏伟的梦想，但懂不懂什么是有节制的热情？我有与命运拼搏的决心，但有没有面对恐惧的勇敢？我有信心、有机会，但有没有智慧？我能力过人，但有没有面对顺境、逆境都可以恰如其分行事的心力？"

每个人，不管是天赋异禀还是资质平平，不管是出身高贵还是出身贫贱，都应该学会自我管理。"大多数人想改造这个世界，却极少有人想改造自己。"伟大睿智的列夫·托尔斯泰如是说。

你想拥有怎样的世界？想做怎样的人？想养成怎样的习惯？——一切主动权都在你的手里。

CONTENTS 目录

第一章　乐观开朗的习惯

- 寻找快乐是人生的终极目标 // 002
- 生活是一面镜子 // 004
- 每天保持幸福的习惯 // 005
- 困境中对自己说声"不要紧" // 008
- 做个传播快乐的天使 // 011
- 别做"不幸"的制造商 // 014
- 挣脱忧虑的羁绊 // 016
- 融化痛苦的冰川 // 019
- 杀死萎靡的病毒 // 022

第二章　正直做人的习惯

- 怎样做人才算正直 // 026
- 正直意味着什么 // 028
- 正直成就人生事业 // 030

- ❖ 正直的人有一定之规 // 031
- ❖ 正直来自细节 // 032
- ❖ 做人做事有底线 // 033

第三章　持续"拱卒"的习惯

- ❖ 成功从"捡砖头"开始 // 036
- ❖ 每天都要进步一点点 // 038
- ❖ 相信自己，坚持下去 // 040
- ❖ 专心致志，心无旁骛 // 042
- ❖ 找个榜样来紧跟 // 044
- ❖ 要智取不要蛮干 // 046
- ❖ 把目光放长远些 // 048
- ❖ 做事的心要专一 // 050

第四章　精益求精的习惯

- ❖ 养成每天学习的习惯 // 054
- ❖ 充分利用学习的时机 // 058
- ❖ 向自己学习 // 060
- ❖ 多向成功者学习 // 063
- ❖ 失败者也有可学之处 // 065
- ❖ 不要为了学习而学习 // 067
- ❖ 要培养终身学习的能力 // 069

第五章　谦虚谨慎的习惯

- 满招损，谦受益 // 072
- 骄傲的原因是无知 // 074
- 骄傲自大酿苦酒 // 077
- 谦逊的人，事业无止境 // 082

第六章　清心寡欲的习惯

- 贪婪使人丧志 // 087
- 贪欲导致悲剧 // 090
- 如何戒除贪婪 // 092
- 放弃多多益善的想法 // 093
- 保持心情的宁静 // 095
- 追求淡泊名利的境界 // 097
- 看淡名利并非不求上进 // 099

第七章　宽以待人的习惯

- 宽容会赢得敬重 // 103
- 己所不欲，勿施于人 // 105
- 裁判他人之前先检点自己 // 107
- 不要得理不饶人 // 108
- 让人三尺又何妨 // 110
- 不必争一时之得失 // 112

- ❖ 如何做到礼让三分 // 114
- ❖ 把吃亏当成你的福气 // 116

第八章 勇于负责的习惯

- ❖ 负责任的人信誉高 // 120
- ❖ 认真做好每一件事 // 122
- ❖ 莫把责任往外推 // 125
- ❖ 责任越大，能力越大 // 128
- ❖ 责任使人意气风发 // 129

第九章 彬彬有礼的习惯

- ❖ 礼貌是高贵的饰物 // 134
- ❖ 打造优雅的体态 // 136
- ❖ 脸上常常带着微笑 // 140
- ❖ 穿着打扮不可忽视 // 142
- ❖ 保持良好的个人卫生 // 143
- ❖ 摒弃不良的行为举止 // 145

第十章 能说会道的习惯

- ❖ 多说YES少说NO // 150
- ❖ 该说"不"时要说"不" // 152
- ❖ 真诚地夸赞别人 // 154

- ❖ 光说不听最愚蠢 // 157
- ❖ 开玩笑不要伤人 // 160
- ❖ 谨慎把好"嘴门关" // 162

第十一章 助人为乐的习惯

- ❖ 与人方便,自己方便 // 167
- ❖ 帮助他人,强大自己 // 168
- ❖ 人情账户,日积月累 // 171
- ❖ 不善合作,孤掌难鸣 // 174

第十二章 分秒必争的习惯

- ❖ 懒惰者与幸运之神无缘 // 178
- ❖ 抛弃拖延的恶习 // 180
- ❖ 克服懒惰才能成功 // 182
- ❖ 现在就去做最重要的事情 // 184
- ❖ 立即行动起来 // 185
- ❖ 养成良好的工作习惯 // 187
- ❖ 什么事情先做起来再说 // 189
- ❖ 今日事,今日毕 // 192
- ❖ 养成"现在就去做"的好习惯 // 195

第一章
CHAPTER 01

乐观开朗的习惯

乐观开朗的人，他们的眼里总是闪烁着愉快的光芒，他们总是那么欢快、达观、朝气蓬勃。他们的心中总是充满阳光，或者说他们本身就是一缕阳光，走到哪里，就把阳光带到哪；见到他人，就把阳光洒进他人的心田。这样的人，谁会不喜欢？

当然，乐观开朗的人也会有不顺的时候。但不同于别人的是，他们总是乐于接受这种现实，没有抱怨，没有忧伤。他们知道这些都不如努力改变这种局面更有效。所以，他们更不会为此浪费自己宝贵的精力，而是拾起生命道路上的花朵，奋勇前行。

有人把乐观开朗的人比喻成一股永不枯竭的清泉；有人把乐观的人称为蔚蓝的天空；有人却说乐观开朗的人如同一首永无止境的欢歌，它使人的灵魂得以宁静，精力得以恢复。

❖ 寻找快乐是人生的终极目标

人活着是为了什么？——为理想？为事业？为爱情？……不管你是为了什么，我们得肯定：你为的这一切，最终都是能给自己带来快乐的。没有人会主动去寻求痛苦——除非这人是受虐狂。

人生的终极目标便是寻求快乐，而且这种快乐并不在未来而在现在。很多人不快乐，因为他们总是企图按照一个难以实现的计划而生活。他们现在不是在享受，而是在等待将来发生的事情。他们以为等到自己找到好工作之后，买下房子以后，孩子大学毕业以后，完成某个任务或取得某种胜利以后，就会快乐起来。

可惜，这种人大都以失望告终。快乐是一种心理习惯，一种心理态度，如果不是现在就加以了解和实践，也许将来永远体会不到。如果你想要快乐，你就快乐吧，但是绝不能"有条件"地快乐。

一位父亲对即将远行的孩子说："孩子，你将要远行，将有一生的岁月等你去走。我想送你一句话：'乐观是一种美德。'

"要保持乐观，孩子。这是我们穷人唯一的奢侈，不要轻易丢掉快乐的习惯，否则我们将更加一无所有。

"你要乐观，在每一个清晨或傍晚。你要学会倾听万物的语言，你要试着与你身边的河流、山川、大地交谈。在你经过的每一个山村，留下你的笑声作为纪念。这样，当多年以后人们再谈起你时，他们都会记得当年有一个多么快乐的小伙子从这里经过。

"乐观是一种美德。你要把它们像情人的手帕一样带在身边。无论你带着多少行李，你都不要把它扔到路边的沟里。即使你的鞋子掉了，脚上磨出了血，你也要紧紧地攥着快乐，不让它离开一刻。

"快乐是一种美德，孩子，这是因为快乐能够传染。你要把你的快乐传染给你身边的每一个人，无论他是劳累的农夫还是生病的旅客，无论他是赤脚的孩子还是为米发愁的母亲，你都要把快乐传染给他们，让他们像鲜花一样绽开笑脸。

"孩子，在你经过的每个村庄，人们都会像亲人一样待你，他们会给你甘甜的井水，给你的包裹里塞满干粮。那么，你就给他们快乐吧。记住，乐观是一种美德，它能让你在人们的心中活上好多年。"

❖ 生活是一面镜子

作家萨克雷有句名言："生活是一面镜子，你对它笑，它就对你笑；你对他哭，它也对你哭。"确实，不管生活中有多少不幸和挫折，你都应该用微笑着对待生活。

下面介绍几条原则，只要你反复地认真试行，就有可能成为一个热爱生活，受周围人欢迎的人。

1. 遇事要多朝好的方向想

有时，人们变得焦躁不安是由于碰到了自己所无法控制的局面。此时，你应承认现实，然后设法创造条件，使之向着有利的方向转化。此外，还可以把思路转向别的事上，诸如回忆一段令人愉快的往事。

2. 不要把眼睛盯在"伤口"上

如果某些烦恼的事已经发生，你应该正视它，并努力寻找解决的办法。如果这件事已经过去，那就抛弃它，不要把它留在记忆里。尤其是别人对你的不友好态度，千万不要念念不忘，更不要说"我总是被人曲解和欺负"。当然，你可以适当地向亲人或朋友吐露一些不顺心的事，以便减轻烦恼对你造成的压力，这样你的心情也会好受一些。

3. 放弃不切合实际的希望

做事情总要按实际情况循序渐进，不要总想着一口吃成一个大胖子。有人为了金钱、权力、荣誉奋斗，然而，这些东西你获得的越多，你的欲望也会变得越大。这是一种无止境的追求。有的人发财、出名似乎是一下子的事情，而实际上并不尽然。因此，你应在怀着远大抱负和理想的同时，随时树立一些短期目标，一步步实现自己的理想。

4. 要意识到自己是幸福的

有些想不开的人在烦恼袭来时，总觉得自己是天底下最不幸的人，谁都比自己强，其实不尽然。也许你在某方面是不幸的，在其他方面依然是很幸运的。有人说过这样一句话："我在遇到没有双足的人之前，一直为自己没有鞋而感到不幸。"其实，和很多人相比，我们已经是很幸福的人了。

❖ 每天保持幸福的习惯

有一天，一个朋友慌慌张张地跑来对美国作家爱默生说："预言家说，世界末日就在今晚！"

爱默生望着他，平静地回答："不管世界变成如何，我依旧会按照自己的方式过日子。"

如果大家都抱着这样的生活哲学过日子，便能得到真正的快乐。

爱默生的生活态度说明在世上想要享受真正的生活，一定不要存得失之心，否则我们就会被患得患失的焦虑所笼罩，感到人生只有狂风暴雨而无风和日丽的美好时光。

退一步说，就算哪天世界末日真的降临到你的身上，你也无须担心。因为世界末日只会来一次，而现在世界末日却还没来。更重要的是，你我都不会活着记得它的到来，不是吗？

就像某位哲人所说："我们不需要恐惧死亡，因为事实上我们永远不会碰到它。只要我们还在这儿，它就不会发生。当它发生时，我们已经不在这儿了，所以恐惧死亡是没有意义的。"

如果连死都不怕，那你还在惧怕什么呢？

会发生的终究会发生，该来的总是会来的。一个下雨的早晨，即使再多的公鸡也叫不出太阳。与其呐喊，抱怨老天，何不来个雨中漫步，给自己一份悠闲与浪漫？

人是伟大的，也是渺小的。人可以改变一些事物，但对大的命运却无能为力，譬如星球的爆炸、火山的喷发、地震。当无可避免的灾难来临时，与其绝望和疯狂，不如平平静静地面对，拥抱幸福，哪怕是最后一秒。

威廉·弗德说："舒畅的心情是自己给予的，不要天真地奢望别人的赏赐；舒畅的心情是自己创造的，不要可怜地乞求别人的施舍。"如果自己的愉悦完全掌握在别人手里，没有人会感到幸福。

一天清晨，在一列老式火车的卧铺车厢中，有五个男士正挤在洗手间里洗脸。经过了一夜的休息，隔日清晨通常会有不少人在这个狭窄的地方洗漱一番。此时的人们多半神情漠然，彼此间也不交谈。

就在此刻，突然有一个面带微笑的男人走了进来，他愉快地向大家道早安，但是没有人理会他的招呼。之后，当他准备开始刮胡子时，竟然自若地哼起歌来，显得十分愉快。他的这番举止令一些人感到极度不悦。于是，有人带着讽刺的口吻对这个男人说："喂！你好像很得意啊？"

"是的，你说得没错。"男人如此回答着："正如你所说，我是很得意，我真的觉得很愉快。"他接着说道："我是把使自己觉得幸福这件事当成一种习惯罢了。"

后来，在洗手间内所有的人都把"我是把使自己觉得幸福这件事当成一种习惯罢了"这句深富意义的话牢牢地记在了心中。

事实上，这句话确实具有深刻的哲理。不论是幸运或不幸的事，人们心中习惯性的想法往往占有决定性的影响地位。有一位名人说："心情阴霾的人的日子都是愁苦，心情欢畅者则常享丰筵。"这句话是在告诫世人设法培养愉快之心，并把幸福当成一种习惯，那么，生活将成为一连串的欢宴。

一般而言，习惯是生活的累积，是能够刻意制造的，因此人人都能掌握创造幸福的力量。

养成幸福的习惯，主要是凭借思考的力量。首先，你必须拟订一份有关幸福想法的清单。然后，每天不停地思考这些想法。其间若有不幸的想法进入你心中，你要立即设法将它清除掉，尤其必须以幸福的想法取而代之。

此外，每天早晨下床之前，不妨先在床上畅想一下有关幸福的一切想法，同时在脑中描绘出一幅今天可能会遇到的幸福蓝图。如此一来，不论你面临什么事，这种想法都将对你产生积极的效用，帮你面对任何事，甚至能够将困难与不幸转为幸福。

相反，倘若你一再对自己说："事情是不会顺利的。"那么，你便是在制造自己的不幸，而所有关于"不幸"的形成因素，不论大小都将围绕着你。

因此，每一天都保持着幸福的习惯是一件相当重要的事。

❖ 困境中对自己说声"不要紧"

一位教育学教授说："我有三字箴言要奉送给各位，它对你们的学习和生活都会大有帮助，而且这是一个可使人心境平和的妙方，这三个字就是：不要紧。"不让挫折感和失望破坏平和的心情，是享受生命的重要一课。

我们往往会自我夸大失败和失望，以为那些事都非常要紧，以至于每次都好像到了生死的关头。然而，许多年过去后，回头一看，我们自己也会忍不住笑自己，为什么当初竟把那么点小事看得那么重要？时间是治疗挫折感的方式之一，只有学会积极地面对挫折，才能避免长时间漫长而痛苦的恢复过程，并且能使这个过程变成一段快乐享受的时光。

安娅·贝特曼爱上了英俊潇洒的杰克先生，她确信找到了自己的白马王子。可是有一天晚上，杰克温柔婉转地对她说，他只把她当作普通朋友。贝特曼的爱情大厦顷刻间土崩瓦解了。

贝特曼在卧室里哭了整整一夜，她甚至感到整个世界都失去了意义。但是，随着时光一天天过去，她发现没有杰克的日子自己照样能生活得很幸福，并相信将来肯定会有另一个人会成为她的白马王子。

果然，一个更适合她的小伙子出现了。他们结婚生子，日子过得非常幸福。但是，有一天，贝特曼和丈夫听到一个坏消息：他们投资做生意的钱全赔了。贝特曼想：今后一家人的生活该怎么办？这时，她听到了屋子外面孩子玩耍时发出的兴奋的喊叫声。她扭头看去，正好看到孩子冲着她笑。孩子灿烂的笑容使她立刻意识到一切都会过去，没什么要紧的。

于是，她又打起精神和一家人渡过了那个难关。她说："人生在世，有许多要紧的事情，也有许多麻烦糟糕的事情，冷静地想一想，实际上这一切也许都是不要紧的，或者不像我们所想象的那样要紧。"

经常对自己说"不要紧"，这种心理调节方法实际上是建立在一个很深刻的哲学思考上的，即我们的生命是什么。对这个问题的回答决定着我们对生活价值的判断、生活的行动，当然也就决定着我们的心态。有的人把生命看作是占有，占有金钱、权力、财富、名利……这样的生命，总是把人生的意义定在一个点上。当这个点实现后，他就开始追逐下一个点。

也许当他到达一个具体的点时会有一个瞬间的快乐，但很快就会被实现下一个点的焦虑所代替。在这样的人生中，人本身只是一个不断地追逐目标的工具，而不是生活本身。所以，人生总是被忙碌、焦虑、紧张所充斥着，争名夺利，患得患失，到死也没能放松地享受生命的美好。

而有的人则把生命看作是上帝给予的礼物，是一个打开、欣赏和分享这个礼物的过程。因此，这样的人坚信生命本身是快乐和爱，即使是身处非常恶劣的环境中，他们也能泰然处之，就像是在迪士尼乐园中那样，兴趣盎然地去寻找、发现、享受生命中的每一个乐趣。

对于这样的人来说，重要的不是去拥有什么，而是应该如何去生活，是不是真的活出了生命的意义。

美国心理学专家理查·卡尔森博士就是看到了对待生命不同的态度，要求我们"多去想想你已拥有什么而不是你想要什么"。他说："做了十几年的压力学心理顾问，我所见过的最普通、最具毁灭性的倾向，就是把焦点放在我们想要什么，而非我们拥有什么。

"不论我们多富有，我们还是在不断扩充着我们的欲望购物单，确保我们难以满足的欲望。你的心理机制说：'当这项欲望得到满足时，我就会快乐起来。'可是，一旦欲望得到满足之后，这项心理作用却又在不断地重复……

"如果我们得不到自己想要的某一件东西，就不断想着我们没有什么，仍然会感到不满足。如果我们如愿以偿得到我们想要的东西，就会在新的环境中重复我们的想法。所以，尽管如愿以偿了，我们还是不会快乐。"

卡尔森博士针对这个问题，提出了他的解决办法："幸好，还有一个方法可以得到快乐。那就是将我们的想法从'我们想要什么'转为'我们拥有什么'。不要奢望你的另一半会换人，而是多想想他（她）的优点。不要抱怨你的薪水太低，要心存感激你有一份工作可做。不要期望去夏威夷度假，多想想自家附近有多好玩。可能性是无穷无尽的！……

"当你把焦点放在你已拥有什么，而非你想要什么时，你反而会得到更多。如果你把焦点放在另一半的优点上，他（她）就会变得更可爱。如果你对自己工作心存感激而非怨声载道，你的工作表现会更好，更有效率，也就有可能会获得加薪的机会。

"如果你享受了在自家附近的娱乐，不要等到去夏威夷再享乐，你也许会得到更多的乐趣。由于你已经养成自娱自乐的习惯，即使真的没有机会去夏威夷，你也不会太过失望，因为你已经拥有了美好的人生。"

最后，卡尔森博士建议道："给自己写一张纸条，多想想你拥有了什么，少想你要什么。如果你能这么做，你的人生就会开始变得比以前更好。或许这是你这一辈子第一次知道真正的满足是什么意思。"

说"不要紧"不是要使自己变得麻木不仁，对困境无动于衷，而是要你变得更敏锐、更智慧，从中看到生命的快乐，使自己在逆境中看到祝福，享受到爱。

❖ 做个传播快乐的天使

奥里森·马登在他所著的《高贵的个性》一书中这样说："我们需要承担一种责任，那就是总是保持快乐的心态，没有其他责任比这更为重要了——通过保持快乐的心态，我们就为世界带来了很大的利益，而这些利益甚至连我们自己可能都不知道。"

瑞典杰出歌唱家詹妮·林德正在和一个朋友散步时，看见了一个老妇人摇摇晃晃地走进了一间救济院的大门。她的同情心突然之间被激发了。她也走进了那扇大门，假装要在那儿休息一会儿，并借此机会想送给这个穷妇人一些有用的东西。

然而，让她吃惊的是，这个老妇人随即开始和她谈起了她所仰慕的詹妮·林德。老妇人说："我已经在这个世上活了很长时间了，在我死之前，我没有别的想法，我只是特别想听听詹妮·林德的歌声。"

"那会让你感到快乐吗？"詹妮问道。

"是啊。但像我这样的穷人是没办法去音乐厅的，所以也许我永远听不到她的歌声了。"

"请别那么肯定。"詹妮说，"请坐，我的朋友，听我唱一首吧！"

詹妮带着一种真诚的喜悦，唱了她最拿手的一支歌曲。

老妇人听着熟悉的歌声，感到既高兴又困惑。眼前这个年轻女子竟然就是詹妮·林德。

有些人生来就是快乐的。无论他们身处的环境怎样恶劣，他们总是高高兴兴的，对任何事情都很满意。在他们的眼中，他们好像是度过了一个长长的假期，他们的目光所及之处满是愉悦和美丽。

当我们遇见他们时，他们给我们的印象好像是刚刚遇见了什么幸运的事情，或是好像有什么喜讯要告诉我们一样。如同蜜蜂从每朵盛开的花朵中采集完蜂蜜那样，他们还会一种提炼快乐的技术，甚至可以让布满阴霾的天空充满灿烂的阳光。在病房里，对病人来说，他们常常比医生更有用，比药物更有效。所有的大门都向这些人敞开，他们处处受到人们的欢迎。

最迷人的人总是那种拥有最吸引人的品格的人，而不是外表最美丽的人。

我们不必对如何去感受他的伟大来作一番介绍，如果在一个寒冷的日子，你在大街上遇见这样一个开心的人，你就会觉得气温似乎又上升了几度，一下子暖和了不少。

一位真正的快乐人士的两个主要特征，就是注重礼仪和为他人着想。"你会陷入某种绝望悲伤的境地吗？如果会，那么请暂时忘记它，请保持优雅的仪态。"这些观点是多么适合用来做每个青年人的座右铭啊！

下面的一段话是在英国格洛斯特郡一所古老的庄园里找到的，有人将它写好后放在一间客厅的壁炉台上的一个镜框里。

"真正的绅士是上帝的仆人，是世界的主人，是他自己命运的主宰者。美德是他的事业、学习是他的娱乐、知足是他的休息、快乐则是他的回报……热忱是他的牧师、纯洁是他的侍从、节欲是他的厨师、温和是他的管家、好客是他的仆人、节约是他的出纳、仁慈是他的看门人、谨慎是他的搬运工、虔诚则是他家里的女主人，这些人在最恰当的时候为他服务。这样，他的整个家都是由美德构筑起来的，而他就是这个房子的主人。这样的人必然会将整个世界带上通往天堂的道路。一路之上，他努力着，尽其所能，他给自己带来了灵魂的满足，给他人带来了心灵的快乐。"

做个传播快乐的天使吧，你的人生会因此而轻舞飞扬。

❖ 别做"不幸"的制造商

卡耐基曾说：一般情况下，五个人当中就有四个人没能够拥有他本来应有的幸福。他还说：不幸感往往是心理最普通的状态。我们不愿强调拥有幸福的人是多么稀少，事实上，正在过着不幸生活的人数远远超出人们的想象。

对于任何人而言，幸福应该是最基本的欲望之一。然而，幸福必须是赢来的。赢得它也并不十分困难，凡是想要得到它的人、具有坚强意志的人、知道正确方法而切实履行的人，都能成为幸福的人。

在火车的餐车上，有位太太虽然身上穿着名贵的毛皮大衣，上头缀着璀璨夺目的钻石，却不知是什么原因，她看上去并不开心。她一会儿抱怨说"这趟列车上的服务实在是太差劲了，窗没关严，风不断地吹进来"，一会儿又大发牢骚"服务水准太低，菜做得太难吃……"

不过，她的丈夫却与她截然不同，看上去是一位和蔼亲切、温文尔雅且宽宏大量的人。对于太太的举止言行，他似乎很不认同却又无法阻止，一定是后悔带她一起出门旅行了。

他礼貌地向沉默的同车人表示歉意，同时做了一番自我介绍。他说自己是一名法律专家，又介绍说："我内人是一名制造商。"此时，他脸上带有一种奇怪的微笑。

听完他的话，一位同车人感到相当疑惑，因为他的太太看起来一点也不像一个实业家，便疑惑地问道："不知道尊夫人是从事哪方面的制造业呢？"

"就是'不幸'啊。"他接着说道，"她是在制造自己的不幸！"这位先生脱口而出的话，一语中的，贴切地道出了实际情况。

事实上，我们四周在很多正在为自己制造不幸的人。这种情况确实要引起大家的关注，因为那些足以破坏我们幸福的外在条件或因素已经太多了，如果我们还在不断给自己制造不幸的话，那真可以说是不幸至极了。

人们之所以会制造不幸，其主要原因是由于自己心中存有的不幸想法所致。例如，总是认为一切事情都糟糕透了；别人可以拥有非分之财，而我们却没有得到应得的报酬等。

此外，不幸的想法往往会把一切怨恨、颓丧或憎恶的情绪深深地埋藏在一个人的心底，于是不幸的程度将日益加深。那位夫人拥有别人期盼的钻石，但是，她所拥有的财富并没有将她排除在自己制造的不幸之外。因为人们制造不幸时是因为自己内心的骚动，与外界无关。

世界上没有一个人会因烦恼而获得好处，也没有人会因烦恼而改善自己的境遇，但烦恼却有损于人的健康和精力，会毁掉你的生活和幸福。

一个把大量的精力和时间都耗费在烦闷上的人，不可能完全发挥他固有的能力，只能落得一个庸庸碌碌的境地。烦恼这个东西会分散一个人的精力，阻碍一个人的志向，减弱一个人真正的力量，并损害他的健康。

烦恼对一个人的工作质量会有十分明显的影响。在思想紊乱的时候，一个人在自己的工作上绝无出色的表现。因为思想紊乱会使人失去清晰思考和合理规划的能力，脑细胞中一旦贯注了烦闷的毒汁，注意力就再也不能够集中。

烦恼不仅会使人的心灵衰老，还会使人的面容衰老。

一个人若是整天处在烦恼之中，生命便会消磨得很快，有些未到中年已经显出衰老迹象的人大都是这种原因所致。有些正当青春的女子，脸上却布满了皱纹，但这既不是由于她们做了苦工，也不是她们遭遇了困难，而是因为她们在日常生活中不断地为自己制造了烦恼。这些烦恼给予她们家庭的是不和谐和不快乐，给予她们自己的则是衰老。

驱除烦恼最好的方法，就是保持一种愉快的心态，而不要处处只想到生活与工作的不幸。在烦恼的时候，我们要用希望来替代失望，用勇敢来代替沮丧，用乐观来代替悲观，用宁静来代替躁动，用愉快来代替愁闷，如此，烦恼在我们的心灵中就无处生存了。

请记住：别天天愁眉苦脸，成为一个"不幸"的制造商。

❖ 挣脱忧虑的羁绊

成千上万的人因为忧虑而毁了自己的生活，因为他们拒绝接受已经出现的最坏情况，也不愿意改进，不愿意在灾难中尽可能地为自己救出点东西来。

心理忧虑是很多人无法摆脱的一种苦痛，其原因：一是竞争压力太大，二是没有良好的心理处方。成大事者处理忧虑的办法很简单：

第一章 乐观开朗的习惯

"接受我所不能改变的,改变我所不能接受的。"

有一个笑话,说的是一个酒鬼疑心自己在一次醉酒中把一个酒瓶子吞进了肚子里,为此他整天忧虑不已,最后到医院要求医生开刀取出酒瓶。医生拿他没办法,只好给他"开刀",然后拿出一只预先准备好的酒瓶来骗他。不料,酒鬼却说他吞下的啤酒瓶不是那个牌子的,医生只好再"开刀"骗他一次。

1999年,有一个青年听信世界末日的传闻,拿出所有的积蓄到一个酒店里大吃大喝,醉酒醒来后却发现自己躺在了医院里。原来他大醉后摔倒在路边,幸亏好心人把他送到了医院,否则,后果不堪设想。

这种无根据的杞人忧天往往不攻自破,生活中一些糟糕的情况如果让你忧虑不已,这里有一个可以有效消除忧虑的简单办法,这个办法是由威利·卡瑞尔发明的。卡瑞尔是一个很聪明的工程师,开创了空调制造业,还是世界闻名的瑞西卡瑞尔公司的负责人。卡瑞尔在纽约的工程师俱乐部吃午饭的时候想到了解决忧虑的最好办法。

"年轻的时候,"卡瑞尔说,"我在纽约州水牛城的水牛钢铁公司做事。我必须到密苏里州水晶城的匹兹堡玻璃公司——一座花费了好几百万美金建造的工厂,去安装一架瓦斯清洁器,目的是清除瓦斯里的杂质,使瓦斯燃烧时不至于伤到引擎。

"这是一种清洁瓦斯的新方法,以前只试过一次。我到密苏里州水晶城工作的时候,很多事先没有想到的困难都发生了。经过一番调整之后,机器可以使用了,可是效果却不能达到我们所保证的程度。我对自己的失败感到非常吃惊,觉得好像是有人在我头上重重地打了一拳,然后我的整个肚子也开始痛了起来。

"有好一阵子，我担忧得简直没法睡觉。最后，我的常识告诉我，忧虑并不能够解决问题。于是，我想出了一个不需要忧虑就可以解决问题的办法，结果证明这个方法非常有效。我这个反忧虑的办法已经使用了30多年。这个办法非常简单，任何人都可以使用。它总共有三个步骤。

"第一步，先不要害怕，但要认真地分析整个情况，然后找出万一失败可能发生的最坏的情况是什么。

"第二步，找到可能发生的最坏情况之后，让自己在必要的时候能够接受它。待真的发生最坏的情况时，使自己马上轻松下来，平静下来。

"第三步，平静地把自己的时间和精力用在改善心理上已经接受的那种最坏的情况。"

应用心理学家威廉·詹姆斯教授曾经告诉他的学生说："你要承担这种情况，因为能接受既定的事实就是克服随之而来的任何不幸的第一步。"

当我们接受了最坏的情况之后，我们就不会再损失什么，也就是说，一切都可以从头再来。"在面对最坏的情况之后，"威利·卡瑞尔告诉我们说，"我马上就轻松下来了，感到一种好几天来没有经历过的平静。然后，我就能思考了。"

很有道理，对不对？所以，别再让忧虑毁了我们的生活，试着挣脱忧虑的羁绊，活出更棒的自己。

❖ 融化痛苦的冰川

动不动就一副"我好受伤"的惨样，这种人离成功还有十万八千里。

痛苦会使痛苦者处于一种极端的状态，它有可能还会毁掉一个人。痛苦能打破一个人的心理平衡，使他陷入长期的内疚、愤怒、自责、苦难、沮丧以及悲惨和顾影自怜的孤独之中。这个时候，痛苦是毁灭性的，它留给人们的是脸上的皱纹以及心灵上的创伤，甚至支配了受害者的生命。

痛苦也会影响到一个人的判断力，会使我们的生活陷入混乱的状况之中。陷于痛苦中的人，难以像平常人那样去对周围的事物做出评判，难以像平常人那样去享受生活中的种种乐趣。因此，当你正处于失落、痛苦、悲伤时，千万不要惊慌失措，不要被痛苦的表象所吓倒，以免让自己的生活变得更加混乱。

在你面临极大的悲伤与失落时，最好不要做出人生的任何重要的决断。因为处于悲伤中的人的判断力往往是不足的，一旦你做了错误的判断，又会导致你的坏情绪加重，最终形成可怕的恶性循环。

懊悔使生活不安，而已做出的选择又无法收回，所以我们在悲伤中的选择应该慎重一点！杜夫勒在他的《未来的冲击》一书中写道："人类有着高度的应变能力，却也有限度，不可能无限制地适应。"

当我们的生活突然改变时，包括突发性的、戏剧性的、奇迹般的改变，我们都应该记牢杜夫勒所说的"心理稳定带"。稳定带能够帮助我们稳定情绪，维持生活常规，这就好比机器宜在一定速度中运转，不宜忽快忽慢。

因此，我们应该保持生活和心理上的稳定，并且要对生活中的其他方面，如睡觉和饮食习惯、娱乐和社交活动，以及生活等方面的变化有心理准备。一般来说，能够带来太多变化的重大决断，在你身处痛苦时都应该暂缓。

悲伤、痛苦容易使人遗忘明显而重要的事情，特别是对于生活中那种舒适、安逸的体验。悲伤的人应强迫自己创造能使自己畅快的事情，这就是自爱行为，简单来说就是自我关怀活动。从悲伤、痛苦中挣脱出来，进行心理复原应该是一件完美而自然的事情。

那么，我们应该如何化解痛苦呢？

最可靠的方法，就是用信念和意志去战胜它。

许多时候，你或许曾尝试着用各种各样的方法来战胜像顽疾般困扰着你的坏情绪，如请教医生、寻求亲人和朋友的帮助。但是，在这一切努力之后，你的痛苦依然存在，你等待了一个星期，一切照旧；你等待了一个月、一年、两年，但还是没有改变什么。你仍处于痛苦之中。

这时，你不应该灰心丧志，也不应该放弃努力，而是应该树立起这样的思想：我要用信念和意志来战胜痛苦。信念是一种巨大的力量，它能改变恶劣的现状，给你带来令人难以想象的圆满结果。因为充满信念的人是永远不会被击倒的，他们是人生的胜利者。

在你的个人经历中也一定有这样的情况。例如，或许你不喜欢堵车，但是你忍受了，因为你喜欢工作，你需要养家糊口。你或许不喜欢每天花十几个小时全神贯注地阅读课本，但你却这么做了，因为你要通过考试来扩大自己的就业机会。

我们会把时间、金钱、注意力以及精力投注在一件事情上，但在做这件事情时并不一定感到愉快，有的甚至让人感到非常不愉快和痛苦。但不管怎样，我们接受了这些痛苦，因为我们清楚，这些痛苦将把我们指引向更崇高的事业。

但是，我们不会无限期地听从痛苦的摆布。我们能够忍受痛苦的限度和将要达到目的的重要性之间是画上等号的。若一个人甘冒生命危险去得到一种满足感，其背后自有支持他这样做的理由。比如：为了把心爱的人从危险中拯救出来，而甘冒生命危险；许多人甘愿冒险也要保卫自己的国家。

当然，家庭也好，国家也好，其促使人们忍受痛苦做出的牺牲还是有限度的。一个人愿意为国家而牺牲自己的程度，取决于他是否认为这个国家值得他去做这种牺牲。信仰是一块礁石，周围是汹涌澎湃的大海，信仰是一个固定的点，周围的一切都围绕着它而转动。一个认真的人，对信仰保持坚定不移的人，时时刻刻都准备好为自己的信仰去忍受痛苦。可见，每个人生活中的一言一行是由他的人生观来决定。

我们常会看到周围有些人深陷种种艰难困苦时，依然过得快乐而有自信。有些人更为了一种更高尚的目标，为了人类的未来，而不惜牺牲世俗的快乐，甚至因此遭受迫害也不在意。当我们选择了信仰，也就选择了一种承担。我们克服着坏情绪，是因为我们知道我们的信仰是正确的，我们是自愿地去承受的。我们甘心经历痛苦，是为了得到在我们一生中都不曾知道的更多益处。所有的这些，就是用信念来治疗痛苦的含义。

痛苦是一种毁灭自我的力量，但是痛苦也为我们提供了一个磨炼的机会。梅花香自苦寒来，经过痛苦的磨历，我们才能升华自己的意志，从而成功化解痛苦。

有坚定、强烈的生命意志的人是不会回避痛苦的，相反，他们会心甘情愿地把痛苦当作是生活的馈赠。他们会怀着这样的信念：即使人生是一杯苦酒，也要把它喝得有滋有味；即使人生是一场悲剧，也要把它演得有声有色；即使生活欺骗了自己，也要对生活心怀感激。

❖ 杀死萎靡的病毒

一个人如果萎靡不振，那么他的行动必然缓慢，脸上必定毫无生气，做起事来也一定会一塌糊涂。

我们一定要注意，要让自己的情绪处于一种健康饱满、积极向上的状态。同时，尽量不要与那些颓废不堪、没有志气的人来往。因为萎靡是一种传染性极强的"病毒"，很容易沾染上身。一个人一旦沾染了这种坏习气，即使后来幡然悔悟，他的生活和事业也必然会受到很大的打击。

萎靡不振的性格，无论对成功还是对人格修养都有很大的伤害。萎靡不振的人一遇到问题往往会东猜西想，不到逼上梁山之日绝不做出决定。久而久之，他就养成了遇事不能当机立断的习惯，他也不再相信自己。由于这一习惯，他原本具有的各种能力也会跟着他懦弱的性格日益退化。

一个萎靡不振、没有主见的人，一遇到事情就会习惯性地"先放在一边"，说起话来又是吞吞吐吐、毫无力量。更为可悲的是，他不大相信自己会做成伟大的事业。反之，那些意志坚强的人习惯于"说干就干"，凡事有主见，并且有很强的自信心，能坚持自己的意见和信仰。

如果你遇见这种人，一定会感受到他精力的充沛、处事的果断、为人的勇敢。这种人只要认为自己是对的，就会大声地说出来；遇到确信应该做的事，就会尽力去做。

对于世界上的任何事业来说，不肯专心、没有决心、不愿吃苦就不会有成功的希望。获得成功的唯一道路就是下定决心、全力以赴地去做。

遇到事事无精打采的人，从来无法给别人留下好的印象，自然也就无法获得别人的信任和帮助。只有那些精神振奋、踏实肯干、意志坚决、富有魅力的人，才能在他人心目中树立起信用。可以肯定地说，不能获得他人信任的人是无法成功的。

世界上有很多人都埋怨自己的命不好，别人为什么容易成功，而自己却一点成就都没有。其实，他们不知道，失败的源头是他们自己。比如：他们不肯在工作上集中全部心思和智力；做起事来，他们无精打采、萎靡不振；他们没有远大的抱负，在事业发展过程中也没有排除障碍的决心；他们没有使全身的力量集中起来，汇成滔滔洪流……

只有那些意志坚定、勤勉努力、决策果断、做事敏捷、反应迅速以及为人诚恳、充满热忱、血气如潮、富有思想的人，才能把自己的事业带入成功的轨道。

有些青年人最易感染这种可怕的疾病，即没有明确的目标和没有自己的见地，正是因为这一点，他们的境况常常越来越差，甚至到了不可收拾的地步。他们苟安于平庸、无聊、枯燥、乏味的生活中，得过且过的想法支配着他们的头脑。他们从来想不到要振奋精神，拿出勇气，奋力向前，结果往往使自己沦落到自暴自弃的境地。

之所以如此，都是因为在他们的心中缺乏远大的目标和正确的思想。随后，自暴自弃的态度成了他们的习惯，他们从此不再有计划、不再有目标、不再有希望。

对这些人来说，仿佛所有的力量都已消失殆尽，所有的希望都已全部死亡，他们的身体看上去也如同行尸走肉一般，再也没有重新振作的精神和力量了。

其实，世界上不少平庸者的一生都没有大的过错，但由于本身弱点太多，懦弱而无能，结果做事情容易半途而废，一遇挫折便不求上进。没有坚强的意志，没有持久的忍耐力，更没有敢做敢为的决断力，是使他们陷于平庸的境地的根本原因。

第二章

CHAPTER 02

正直做人的习惯

正直做人，才能公道做事。正直的人品表现为襟怀坦荡，秉公持正，坚持原则，刚正不阿。正直的反面则是伪善狡诈。正直的人，对人对事公道正派，言行一致。虚伪狡诈的人伪善圆滑，曲意逢迎，背信弃义，拿原则做交易。正直和真诚是互相紧密联系的，只有真诚才能正直，反之亦然。观察一个人，可以把这两个方面联系起来，看他是真诚直爽，还是虚伪圆滑；是光明正大，还是阴险狡诈。这是区别人品的重要标准。

正直的品行并不是与每个人的生命息息相关，但它却成为一个人品格的最重要方面。正如一位古人所说的："即使缺衣少食，品格也先天地忠实于自己的德行。"具有这种正直品质的人，一旦和坚定的目标融为一体，那么他的力量就可惊天动地，势不可挡。

❖ 怎样做人才算正直

正直，就是要为人正派，不搞歪心眼。正直的人，为人处世应该正大光明，坦诚相待。有一种人在人际交往中很爱搬弄是非，所到之处，蜚短流长。这些人或以传播别人的隐私为乐，或以打听、卖弄别人隐私的本领为荣，或心术不正、居心不良，故意捏造谣言。这种人在一个地方要不了多久，就会名声扫地，让人生厌。

正直的人，应该能够坚持原则，伸张正义，敢于同歪的、邪的人和事做斗争。见到错误的东西不敢管、不愿管，"事不关己，高高挂起"，这只是胆小怕事罢了。对于坏人坏事，一味退让、姑息养奸是不行的，必须坚决与之斗争。即使有时必须为此付出昂贵的代价，也要毫不动摇地坚持原则，宁肯丢掉个人利益，也不能丢掉一身正气。

正直的人，在发表意见、处理问题时，应当以公为本，秉公而行，不计较个人恩怨。祁黄羊"内举不避亲，外举不避仇"，之所以被传为千古美谈，就是因为他秉公办事。而要秉公办事，就不能受人私惠。吃人东西嘴短，拿人东西手软。一旦占了人家便宜，说话办事就会丧失原则，正派和公道也就不易做到了。

正直，还表现在待人接物中，有端庄的风度，保持人格的尊严。阿谀奉承，是一种很不正派的行为，低声下气拍马屁，抱大腿，必然会丢掉人格。一个人如果失了端庄，失了人格，一味地低三下四，奴颜媚骨，也就不能算作一个正直的人。

❖ 正直意味着什么

美国成功学研究专家阿·戈森认为,在英语中"正直"一词的含义是指完整。在数学中,整数的概念表示一个数字不能被分开。同样,一个正直的人也不会把自己分成两半。他不会心口不一,想一套,说一套——因为实际上他不可能撒谎;他也不会表里不一,信一套,干一套——这样他才不会违背自己的原则。

我们坚信自己言行一致、表里如一,才会让自己具有充沛的精力和清晰的头脑,使得我们不论做什么事都能获得成功。

正直意味着时刻以高标准来要求自己。

许多年前,一位作家在一次投资中损失了一大笔财产,趋于破产。于是,他勒紧裤腰带,努力赚钱还债。三年后,他仍在为此不懈努力着。为了帮助他,一家报社想登报为他组织一次募捐活动。

然而,作家却拒绝了。几个月之后,随着他一本轰动一时的新书问世,他偿还了所有的债务。这位作家就是马克·吐温。

正直意味着有高度的名誉感。

名誉不是声誉。伟大的弗兰克·赖特曾经对美国建筑学院的师生们说:"这种名誉感指的是什么呢?那好,什么是一块砖头的名誉感呢?那就是一块实实在在的砖头。什么是一块板材的名誉感呢?那就是一块地地道道的板材。什么是人的名誉感呢?那就是要做一个真正的人。"弗兰克·赖特就是如此,是一个忠实于自己做人标准的人。

正直意味着具有道德感并且始终如一地遵从自己的良知。

正直意味着有勇气并坚持自己的信念，这一点包括有能力去坚持你认为是正确的东西。正直意味着自觉自愿地服从，从某种意义上说，这是正直的核心，没有谁能迫使你按高标准要求自己，也没有谁能勉强你服从自己的良知。

正直使人具备冒险的勇气和力量，正直的人欢迎生活的挑战，绝不会苟且偷安，畏缩不前。一个正直的人永远是充满自信的。

正直经常表现为坚持不懈、一心一意地追求自己的目标，拒绝放弃努力和坚韧不拔的精神。"我们绝不屈从！绝不，绝不，绝不，绝不。无论事物的大小巨细，永远不要屈从，唯有屈从于对荣誉和良知的信念。"温斯顿·丘吉尔是这样说的，也是这样做的。

正直的人都是坚韧不拔的，他们似乎有一种内在的承受能力，使他们能够经受住各种挫折甚至是不公平的待遇。

林肯在1858年参加参议院竞选活动时，他的朋友警告他不要发表演讲。但是林肯回答道："如果命里注定我会因为这次讲话而落选的话，那么就让我伴随着真理落选吧！"他是坦然的，而这一次他的确落选了。但是两年之后，他就任了美国总统。

❖ 正直成就人生事业

正直的品行会给一个人带来许多好处：友谊、信任、钦佩和尊重。人类之所以充满希望，其原因之一就在于人们似乎对正直的品行具有一种近于本能的识别能力，而且不可抗拒地被它所吸引。

无论你在何时何地、和什么人在一起，都要忠于自己、言行一致、坚守自己的信仰及价值观，这便是正直的表现。

如果你不正直，最终将失去一切。因为别人无法相信你，不愿和你一起工作或跟你进行交易。如果没有人愿意和你共事，你的事业将会失败，无论任何一种事业的结果都将一样。

一位销售讲道：大学毕业后，我曾经在一家销售牛乳代替品的饮料公司工作。后来，我成为一名经销商，曾创下了全公司最高的销售业绩，并拥有两个销售站。但是由于公司内部分领导人员缺乏正直及踏实的精神，导致整个公司倒了。

你到底是什么样的人？你重视什么？你怎么过生活？你和其他人有什么关系？你有什么特质？这些才是唯一重要的事情。因为，你是什么样的人将决定你做什么样的事。

一个正直的人会在适当的时机做该做的事，即使没有人看到或知道。亚伯拉罕·林肯曾说："正直并不是为了做该做的事而有的态度，正直是使人快速成功的有效方法。"

正直、诚实、坚持、负责——这些都是一个人成功的特质，而我认为这些也是我们人生中最值得追求的目标。

你觉得自己是这样一个人吗？

❖ 正直的人有一定之规

西蒙·福格是英国《泰晤士报》的总编。每年五、六月份，他都会收到一些大学的邀请函，请他去做择业就业方面的演讲，因为他曾在寻找职业方面创造过神话。他讲得最多的是一位护士的故事。

这位护士刚从学校毕业，在一家医院做实习生，实习期为一个月。在这一个月内，如果能让院方满意，她就可以正式获得这份工作，否则就得离开。

一天，交通部门送来一位因遭遇车祸而生命垂危的人，实习护士被安排做外科手术专家——该院院长亨利教授的助手。复杂艰难的手术从清晨进行到了黄昏，眼看患者的伤口即将缝合，这位实习护士突然严肃地盯着亨利教授说："亨利教授，我们用的是十二块纱布，可是您只取出了十一块。"

"我已经全部取出来了，一切顺利，立即缝合。"亨利教授头也不抬，不屑一顾地回答道。"不，不行。"这位实习护士高声抗议道："我记得清清楚楚，手术中我们用了十二块纱布。"亨利教授还是没有理睬她，命令道："听我的，准备缝合。"

这位实习护士毫不示弱道："您是医生，您不能这样做。"直到这时，亨利教授冷漠的脸上才露出欣慰的笑容。他举起左手里握着的第十二块纱布，向所有人宣布："她是我最合格的助手。"这位实习护士理所当然地获得了这份工作。

西蒙说那位实习护士的故事，是想告诉大家，在寻找工作方面，仅有敏锐的头脑是不够的，更重要的还要有正直的品性。小到一个单位，大到一个国家，它们真正需要的往往是后者。

❖ 正直来自细节

在大是大非面前，要保持正直的品行，但这样的机会并不多。事实上，普通人的正直，往往体现在日常的生活与工作当中。

怎样才能做一个正直的人呢？第一步就是要锻炼自己在小事上做到完全诚实。当不便于讲真话的时候，也不要编造小谎言，不要去重复那些不真实的流言蜚语，不要把个人的电话费用记到办公室的账上，等等。

这些事听起来可能是微不足道的，但是当你真正在寻求正直并且开始发现它的时候，它本身所具有的力量就会令你折服。最终，你会明白，几乎任何一件有价值的事都包含有它自身的不容违背的正直内涵。

正直还会给一个人带来许多好处：友谊、信任、钦佩和尊重。人类之所以充满希望，其原因之一就在于人们似乎对正直具有一种近于本能的识别能力——而且不可抗拒地被吸引。

这就是万无一失的成功秘方吗？是的。它之所以百试百灵，正是因为它与人的欲望、金钱、权力以及任何世俗的衡量标准毫不相干，如果你追求它并且发现了它的真谛，你就一定能成为一个富有魅力的人。

❖ 做人做事有底线

有这样一个故事。一只正在偷食的老鼠被猫逮住了，老鼠赶紧哀求道："请放过我吧，我会送您一条大肥鱼。"猫说："不行。"老鼠继续哀求道："我会送您五条大肥鱼。"猫还是不答应。

老鼠不死心："假如您放了我，以后我会每天给您送一条大肥鱼。"猫眯起了眼睛，不语。老鼠又不失时机地说道："平时您很少吃到鱼，只要放我一马，以后天天能吃到鱼，而且没有谁会知道我们的交易。"猫还是不语，但心里却在盘算着：老鼠的主意的确不错，放它一回，我便能天天吃到鱼了。但如果这一次我放了它，以后它肯定还会偷主人的东西，假如我再次抓住它，怎么办，放还是不放？放，它会继续为非作歹，主人就会迁怒于我，把我撵出家门，那时，别说老鼠以后给我的每日一鱼，就是一日三餐也保不住了。这样的交易太不划算了。于是，猫突然睁大了眼睛，伸出利爪，将仍在苦苦哀求的老鼠一口吞进了肚子。

无疑，猫的选择是正确的，面对偷食的老鼠，它最终还是选择了忠于职守。这只猫也是聪明的，在"一日一鱼"的诱惑面前，权衡利弊，它还是选择了自己固有的一日三餐。对猫而言，这一日三餐便是它的底线。猫希望一日有一鱼，但如果连起码的一日三餐的底线都保不住的话，那一日一鱼也只能是水中月、镜中花了。

猫尚且能够守住自己的底线，作为一个人，就更应该如此了。所谓底线，就是一个人对自己道德的最低要求，它往往与时代风尚契合，更是社会公德的镜子。总而言之，在压力面前能有所坚持、让自己问心无愧，那便是守住了做人的底线。

底线是人生的考验，高尚是人生的追求。人可以不追求高尚，但必须经得起考验。

不过，守住底线也不等于永远不出错，毕竟，人非圣贤，孰能无过。只是犯了错就得赶快醒悟，要知道亡羊补牢犹未晚矣。

第三章

CHAPTER 03

持续"拱卒"的习惯

要每天像个卒子一样前进一点点。

朱学勤先生说过一句话:"宁可十年不将军,不可一日不拱卒。"一个人要想实现水滴石穿的威力,就必须有连绵不断的毅力。一个人的努力,会在看不见想不到的地方生根发芽,开花结果。

❖ 成功从"捡砖头"开始

新东方的俞敏洪在2007胡润百富榜上,以55亿元人民币排列在第134位。

俞敏洪的老家在江苏的一个农村。高中时学习并不怎么出色的他高考时两度名落孙山,第三次以高分考入了北京大学。

原以为这一完美的鲤鱼跳龙门会成就自己,变成骄子中的骄子。谁承想,他却成了北大这个精英荟萃中最不起眼的卒子,以至于他后来的成功让很多同学大跌眼镜。

俞敏洪的成功来之不易。他曾经骑着一辆破自行车穿梭在北京的大街小巷贴招生广告。手冻麻了,就拿起二锅头喝两口暖暖身子。在如此艰难的条件下，凭借着自己的一点点努力，他终于成功开启了创业之路。

俞敏洪在成名后曾经讲过一个故事。在他小时候，做木工的父亲经常要外出建房子。父亲每次帮别人建完房子，都会顺便把别人废弃不要的碎砖乱瓦捡回来，或一块两块，或三块五块。甚至走在路上发现的砖头或规则的石块，他父亲也会捡起来带回家。一开始俞敏洪不知道父亲这样做的目的。

一天清晨，父亲在院子一角的小空地上开始左右测量，开沟挖槽，和泥砌墙，用那堆乱砖左拼右凑，一间四四方方的小房子拔地而起，和院子形成了一个和谐的整体。父亲把本来养在露天到处乱跑的猪和羊赶进了小房子，再把院子打扫干净，他家就有了全村人都羡慕的干净的院子和猪舍。

从什么都没有到一块砖头，再从一块砖头到一堆砖头，最后变成一间小房子，长大后的俞敏洪从父亲的"魔术"中领悟出了一个人生哲理：成功从"捡砖头"开始！只有造房子的梦想，没有砖头不要紧，日复一日捡砖头碎瓦，终有一天能攒够砖头来造心中的房子。

这件事情凝聚成的精神一直激励着俞敏洪，也成了他做事的指导思想。他拥有足够的耐心，去一块一块地捡"砖头"。他跨越人生中的"三条河"，就来自于这一指导思想。

第一件是他的高考，第一年第二年都没有考上，他知道是因为自己的"砖头"没有捡够，第三年继续拼命"捡砖头"，终于考进了北大。

第二件是大学期间背单词，枯燥的单词被他一个一个地镌刻在脑海中，最后终于背下了两三万个单词，成了一名不错的英语老师。

第三件是他创立新东方，平均每天给学生上六到十个小时的课，很多老师倒下了或放弃了，但他没有放弃，十几年如一日。每上一次课，他就感觉多捡了一块砖头，梦想着把新东方这栋房子建起来。到现在，新东方的大厦已经规模宏大了。

从高中的学习，到大学的成绩，以及后来的创业，俞敏洪从来就没有显示出过人的天资与才能。他唯一与众不同的是，能够潜下心来，一块一块地捡砖头。

如果你能为了自己的梦中大厦，一块一块地捡砖头，相信你的未来将不只是梦。

斧头虽小，但经多次劈砍，终能将那棵最坚硬的橡树砍倒。

❀ 每天都要进步一点点

据说，世界上只有两种动物能够登上金字塔顶，一种是老鹰，另一种是蜗牛。它们是如此不同，老鹰矫健、敏捷，蜗牛弱小、迟钝，可是蜗牛仍然与老鹰一样能够到达金字塔顶端，它凭的就是永不停息的执着精神！

每天进步一点点，听起来好像没有冲天的气魄，没有诱人的硕果，没有轰动的声势，但它却能默默地创造出一个意想不到的奇迹。

有这么一道小智力题：荷塘里有一片荷叶，每天会增长一倍。假使30天会长满整个荷塘，请问第28天，荷塘里有多少荷叶？答案要从后往前推，即有四分之一荷塘的荷叶。这时，假使你站在荷塘的对岸，你会发现荷叶是那么少，似乎只有那么一点，但是，第29天就会占满一半，第30天就会长满整个荷塘。

正像荷叶长满荷塘的整个过程，荷叶每天变化的速度都是一样的，可是前面花了漫长的28天，我们能看到的荷叶都只有那一个角落。在追求成功的过程中，即使我们每天都在进步，然而，前面那漫长的28天因无法让人"享受"到结果，常常令人难以忍受。

人们常常只对"第29天"的曙光与"第30天"的结果感兴趣，却忽略了"28天"细微的进步、努力与坚持。

聚沙成塔，集腋成裘。大厦是由一砖一瓦堆砌而成的，比赛是由一分一分赢得的。每一个重大的成就，都是由一系列小成绩累积而成。如果我们留心那些貌似一鸣惊人者的人生，就会发现这与他们事先长时间的、一点一滴的努力与进步是分不开的。成功是能量聚积到临界程度后自然爆发的成果，绝非一朝一夕之功。

一个人眼界的拓展、学识的提高、能力的长进、良好习惯的形成、工作成绩的取得，都是一个持续努力、逐步积累的过程，是"每天进步一点点"的总和。

每天进步一点点，贵在每天，难在坚持。"逆水行舟用力撑，一篙松劲退千寻。"要"每天进步一点点"，就要耐得住寂寞，不因收获不大而心浮气躁，不为目标尚远而情疑动摇，而应具有持之以恒的韧劲；要顶得住压力，不因面临障碍而畏惧退缩，不为遇到挫折而垂头丧气，而应具有攻坚克难的勇气；要抗得住干扰，不因灯红酒绿而分心走神，不为冷嘲热讽而犹豫停顿，而应有专心致志的定力。

洛杉矶湖人队的前教练派特·雷利在湖人队最低潮时，告诉12名球队的队员说："今年我们只要求每人比去年进步1%就好，有没有问题？"球员一听："才1%，太容易了！"于是，在罚球、抢篮板、助攻、抄截、防守一共五个方面每个人都有所进步，结果那一年湖人队居然得了冠军。

不积跬步，无以至千里。让自己每天进步1%，只要你每天进步1%，你就不必担心自己不会快速成长了。

在每晚临睡前，不妨自我反思一下：今天我学到了什么？我有什么做错的事？有什么做对的事？假如明天要得到理想中的结果，有哪些错绝对不能再犯？

反思完这些问题，你就会比昨天进步1%。无止境的进步，就是你人生不断卓越的基础。

你在人生中的各方面也应该照这个方法去做，持续不断地每天进步1%，长期下来，你一定会有一个高品质的人生。

不用一次大幅度的进步，一点点就够了。不要小看这一点点，每天小小的改变积累下来会有大大的不同。而很多人在一生中，连这一点进步都不一定做得到。人生的差别就在这一点点之间，如果你每天比别人差一点点，几年下来，就会差一大截。

如果你将这个信念用于自我成长上，你一定会有180度的大转变。不信的话，请你试试看。

❖ 相信自己，坚持下去

在你说出自己的梦想时，难免有些人会觉得你是"癞蛤蟆想吃天鹅肉"，属于不自量力，痴人说梦。一个人打击你，或许你觉得没什么；十个人打击你，你可能会有点动摇；如果一百个人打击你呢？

有一则寓言故事，说的是一群动物举办了一场攀爬埃菲尔铁塔的比赛，看谁先爬上塔顶谁就获胜。很多善于攀爬的动物参加了比赛，更多的动物围着铁塔观看着比赛，给它们加油。作为比赛的裁判，老鹰早早地飞上了塔顶。

比赛开始了，观众们便开始议论纷纷："这太难了！它们肯定到不了塔顶！""这一眼都看不到头，这得多大能耐才能成功啊！"……听到这些打击的话语，一只又一只的参赛动物开始泄气了，除了那几只情绪高涨的动物还在继续往上爬。下面的动物继续喊着："这个塔太高了！没有谁能爬到顶！"越来越多的动物累坏了，纷纷退出了比赛，只有一只蜗牛还在缓慢地爬着，没有一点要放弃的意思。

最后，那只蜗牛花费了很长时间，终于成为唯一一只到达塔顶的胜利者。夺冠的蜗牛下来后，获得了热烈的掌声。有一只小猴子跑上前去，问蜗牛哪来那么大的毅力爬完全程。谁知道蜗牛一问三不答——原来，这只蜗牛耳背，听不见。

这则寓言故事告诉我们：不要轻易地被别人的指指点点妨碍了自己的脚步。根据研究，那些白手起家的百万富翁都有一个强大的"免疫系统"——很强的心理承受能力。这种能力会使他们屏蔽掉恶意批评者的过激言论和负面评价。甚至有些白手起家的百万富翁们说，某些权威人物所作的贬低的评价对于他们最终取得的成功起过一定的正向作用，坚定了他们要成功的决心。

无论一个人有多聪明，如果没有坚韧不拔的品质，就不会在一个群体中脱颖而出，也就不会取得成功。许多人本可以成为杰出的音乐家、艺术家、教师、律师或医生，但就是因为缺乏这种杰出的品质，最终一事无成。

坚韧的人从不会停下来想他到底能不能成功。他唯一要考虑的问题就是如何前进，如何走得更远，如何接近目标。无论途中有高山、河流还是沼泽，他都会去攀登、去穿越。而所有其他方面的考虑，都是为了实现这个终极目标。对于一个不畏艰难、一往无前、勇于承担责任的人，人们知道反对他、打击他都是徒劳的。

歌德曾这样描述坚持的意义："不苟且地坚持下去，严厉地驱策自己继续下去，就是我们之中最微小的人这样去做，也很少不会达到目标。因为坚持的无声力量会随着时间而增长而达到没有人能抗拒的程度。"

❖ 专心致志，心无旁骛

1999年，年纪轻轻的李彦宏从美国硅谷回国创业。他一心想在IT行业做一番事业，将创业的方向锁定在了中文搜索引擎上。专业知识的素养和相关工作的经验，让李彦宏坚信互联网搜索将是非常有前景的商业模式。

"众里寻他千百度，蓦然回首，那人却在灯火阑珊处。"从辛弃疾的《青玉案》中，李彦宏挑选了"百度"来作为自己初创的网络搜索引擎公司的名字。他的这一次创业正好赶上了互联网的泡沫破灭，很多人对他以及他的创业表示不认同。

然而，李彦宏并不气馁，而是试着去和风险投资商谈判。1999年年底，他与自己的合作伙伴成功地找到了120万美元的风险投资。2000年1月1日，李彦宏的百度蹒跚上路。经过五年多的跋涉，百度在美国的纳斯达克上市。一夜之间，李彦宏成了亿万富翁。

创业艰难百战多。站在纳斯达克的舞台上，李彦宏用"专注"一词来归纳自己的成功。他自始至终坚持中文搜索。"诱惑太多，转型做短信、网络游戏、广告的，都马上赢利了，我们选择了一条长征的路线，而且五年来一直没有变。"

IT行业里还有一个鼎鼎有名的人，叫王文京，是用友软件集团公司的董事长。十几年的时间，王文京从一介书生发展到个人身价高达数十亿元，他一手缔造的用友软件也牢牢占据着中国财务软件的领导地位。

谈及自己的创业，王文京用最简单的语言概述道："一生只做一件事。专注，坚持。要想在任何一个行业出头，必须有沉浸其中十年以上的决心，人一生其实只能做好一件事。"正是凭着这朴实而坚定的人生信条，王文京实现了用友软件商业化的梦想。

李彦宏和王文京不约而同地强调"专注"，值得我们好好比照与反思自己的行为。专注，意味着集中精力发展与突破。很多人涉足很多领域，学习很多知识，其实内部很虚弱，每一项都没有很强的竞争力。

专注于某一件事情，哪怕它很小，努力做得更好，总会有不寻常的收获。

每天都花一点时间问一下自己的内心：你真正想要的是什么？什么才是你人生中最重要的？慢慢地，你会发现，那些遥远的、不切实际的东西都是你行动的累赘，而那些离你最近的事物才是你的快乐所在。把精力集中在最能让你快乐的事情上，别再胡思乱想、偏离正确的人生轨道。

只要我们一次只专心地做一件事，全身心地投入并积极地希望它成功，这样我们就不会感到精疲力竭。不要让我们的思维转到别的事情、别的需要或别的想法上去，专心于我们正在做着的事。选择最重要的事先做，把其他的事放在一边。做得少一点，做得好一点，我们就会得到更多的收获。

❖ 找个榜样来紧跟

长跑选手在进行比赛时都会在接近终点前跟住某位对手，在最后冲刺的恰当时机再超越他！

为什么要这么做呢？

长跑，尤其是马拉松比赛，是体力与意志力的比赛，而意志力的重要程度要胜过体力。有不少人就是因为意志力不足，在体力尚可坚持时退出比赛；也有人本来领先，但却在不知不觉间慢了下来，被后面的选手赶上。

跟住某位对手就是为了避免这种情形的发生，主要是将对手作为参照物来激励自己：别慢下来！也提醒自己别冲得太快，以免力气提早用尽！另外，这样做也有消除孤单感的作用。你如果观察马拉松比赛，便可发现这种情形：先是形成一个小团体，然后再分散成两人或三人的小组，过了中点后，才会慢慢地出现领先的个人。

人的一生其实也是一段"长跑"。既是"长跑",那么也可学习长跑选手的做法,跟住身边的某一个人,把他当成你追上并超越的目标。不过,你要找的"对手"应该是有条件的,而不是胡乱找的。

你的目标一定要选无论是成就或能力都比你好的,换句话说,就是目前"跑"在你前面的人,是你的榜样。不过,你也不能找距离你很远的人。因为你们之间的距离太远,这会让你跑得很辛苦,却看不到一丝成功的希望,从而令疲惫的你产生挫败感。

例如,你只是一个普通员工,一个月赚3 000元,你却要把比尔·盖茨当目标追赶,那你还不如拿你的上司当目标呢!

找到"对手"之后,你要分析他的本事到底在哪里?他的成就是怎么得来的?他为人处世的方法,包括人际关系的处理和经营能力的大小等,都要有所了解。你可以学习他的方法,取长补短,相信很快就会有成绩出现——你慢慢地和他并驾齐驱,然后等待时机超越他。

等超越了你的"对手",你可以再跟住另外一个更高的"对手",并且再次超越他!

不过你得正视一个事实,跟住一个对手,并不一定马上就可以超越他,可能你才跟上了,他快跑几步又把你甩在后头了!做事也是如此,好不容易接近了对手,他又把你抛在后面了。

此时你千万别灰心,因为这种事谁都会碰到。碰到这种情形,如果能跟上去,当然要跟上去;如果跟不上去,那只是个人能力的问题,勉强跟上去,只会提早耗尽体力。你可能会想,这不是白跟了吗?其实并没有白跟!因为你"跟住对手"的决心和努力已经让你在这段"跟跑"的过程中激发出了自己的潜能和意志力,比无对手可跟的时候要进步得更多、更快。

而经过这一段"跟跑"的操练，你的意志肯定会受到磨炼，也能验证成果，这种经验将是你一辈子受用的本钱。

榜样不是偶像，榜样是你心灵的导师，行动的路标。榜样还是一种承诺与誓言：我将成为他，甚至超越他。

❖ 要智取不要蛮干

有位先生在一个公司干了十多年，在部门副经理的位置上待了五年却迟迟升不上去。本来两年前就有一个扶正的机会，原经理调入总部，空下的位子完全有可能由自己顶替，但总部不知道出于什么目的，居然另从他处调来一个人来当经理。这个先生没有当上经理，本来也没什么，问题是：新来的经理和自己八字不合，经常会产生有一些小摩擦。

在一次冲突后，这个副经理决定不再在这个经理下面受气，于是决定找猎头公司帮自己谋个匹配的公司，并将这个决定告诉了妻子。妻子问他："你是不是对这个公司没有兴趣了？"他回答说："不是的，我舍不得走，只是我无法容忍经理的管理方式罢了。""那么，你为什么不换个角度，试着帮你的经理找个更好的职位呢？"

这个主意不错，但是要如何才能让经理挪动呢？出阴招、告黑状之类的方法显然不可取。夫妻俩商量来商量去，觉得最好的办法莫过于帮助经理升职去总部，这是一个积极的、双赢的方法。

有了这个策略后，副经理开始更加努力地工作，不仅带领团队将业绩做得相当出色，还在很多重要场合突出经理的领导有方。他这样做的效果很快就出来了，经理与自己的冲突减少了。不久之后，经理就因为能力强被上调总部担任更重要的职务。经理在临走时还大力向高层推荐副经理接任自己的职务。结果，副经理马上被扶正。

上面这个例子的意思是：解决问题的方法很多，一定要智取，而不要蛮干。方法得当方为强者。许多名人一生都谨记着这句话，并为他们解决了很多难题。

在现代社会里，每个人都在想尽一切办法来解决生活中发生的所有问题，而且，最终的强者也将是解决方法最得当的那部分人。

世界著名的电脑厂商IBM的前任总裁华特森就是一个特别注重办事方法的人，而且他十分舍得花费时间和金钱来培训员工们思考问题想办法的能力。

在全世界IBM管理人员的桌上，都会摆着一块金属板，上面写着"THINK"（想）。这一字箴言，就是IBM的创始人汤姆·华特森创造的。

其实，"THINK"是华特森从多年的推销经验中总结出来的。

华特森于1895年进入NCR当推销员。他从公司的"推销手册"中学到了许多推销的技巧，但理论与实际总有一段距离，所以他的业绩很不理想。

同事告诉他，推销不需要特别的才干，只要用脚去跑，用口去说就行了。华特森照做了，但他却是到处碰壁，业绩很差。

后来，他从困厄中慢慢体会出，推销除了用脚与口之外，还得靠脑。想通了这一点后，他的业绩大增。三年后，他成为NCR业绩最高的推销员。这就是"THINK"的由来。

德国著名数学家高斯，孩童时代的聪明早被传为佳话。小高斯和同学们在计算1～100的自然数之和时，都在用脑。小高斯想出了一个简便方法，不消几分钟就算出了5 050的正确答案；而其他人则用死办法将一个又一个数字相加，费时费力得出的答案还不一定准确。这就是思考的力量。

❖ 把目光放长远些

成功的含义不是获得一点点眼前利益，真正的成功是为了长远利益。

在眼前利益和长远利益上，我们一般人的目光始终盯的是前者，这正是很多人失败的根源。很多实例说明，因小失大的重要原因就是没将目光放在长远利益上。

一个司机走进了一家汽修厂的车间，在购买了几件常用的备件后，到财务那里交款、开收据。在开收据时，司机要求财务人员多写些金额，以便能给自己余下一些烟酒钱，可收款人说什么都不同意。没办法，司机只好要求见经理。

经理来了后，司机告了财务人员一状，说他这种保守的做法怎能赚钱。他还告诉经理，如果能给他多开些金额，价格多少都无所谓，而且今后会经常光顾。

此时如果你是经理会怎样？只要大笔一挥，多写几个数字，你也能得到一笔好处。可是，经理却拒绝了这位司机的请求。司机生气地说:"东西不要了,以后再也不来了,你可不要后悔!"

经理满脸赔笑地说:"对不起,实在抱歉,这是我们的原则,不能改变。"司机只好悻悻而去。

接连一个礼拜又有两桩类似的生意同样被经理拒绝了。此时,下面的一些职员对经理说:"工商物价部门根本不会因为这点微小的差价来查你,司机在外的开支到本单位都是根据发票说话,这种双赢的事情,何乐而不为呢?"

然而,经理并没有被眼前的利益所打动。两周后的一个早晨,那位和经理吵架的司机突然西装革履地出现在汽修厂,倒是让经理吃了一惊,似乎这个司机一夜暴富成了大亨,而且后面还带了两位秘书。

经理把他们迎到室内后,司机笑着道出了原委,原来他也是一位经理,是一个很大的运输公司的经理。经理说:"我曾用一个月的时间考察了附近的汽修厂,却在你这里碰了最硬的钉子。也曾有几家汽修厂起初不肯妥协,但后来都在我的诱导下和我达成协议,只有你这里始终不肯妥协,正因为你的不妥协,我们决定和你达成另一项协议:贵厂将成为我公司的指定维修厂。"

李泽楷认为要想有更大的成就,眼光就应该更放远一点。"我成功的方法,可以用四个'F'概括。"这是成功人士李泽楷的总结。

第一个"F"父亲(Father),这也是李泽楷成功的基础,他能说一口流利的英语,全靠父亲李嘉诚自小为他请来好的英语老师。在他小小年纪时,每天晚上便与哥哥一道雷打不动地倾听父亲向他们娓娓道来的经商道理,并被安排旁听董事会议。如此增值方法,应该对所有望子成龙的父母有所启发吧。

第二个"F"是远见(Foresight),这也是李泽楷常挂在嘴边的。

他在中学时看到大学校园之间用"大网"（早期的互联网）沟通，便希望程序复杂的大网能发展成为像电话般容易运用的商品。他觉得，学习时要把眼光放远，不仅要想三五年后的事，更要想到10年、20年后的发展。他在公司里经常踱步，思考公司未来的方向。

第三个"F"是快（Fast）。为了掌握最快最新的资讯，李泽楷在浴室的沐浴器上方装了一台电视，方便他一边洗澡一边看全球财经新闻；每天上班前他必看《金融时报》；平日里常看《经济学人》《新闻周刊》《财富》等杂志。另外，他每天还要花两小时上网。他自认出道以来的最大挫折就是曾为一宗交易浪费了太多时间。此后，他规定自己，凡不超过500万美元的交易，要在半小时内决定。

最后一个"F"就是激情（Fire）。每涉及一个新领域，就要一股劲钻研下去，不要理会别人的冷言冷语。当别人问他从父亲处继承了什么时，李泽楷说："战胜挑战，追求突破。"

大量事实证明：所有成功的人士，在思维方面的突出特点就是目光远大，比别人想得长远一点，所以，就给自己创造了成功的条件。

❖ 做事的心要专一

水滴石穿，绳锯木断。骐骥一跃，不能千里；驽马十驾，功在不舍。世上无难事，只怕有心人；贵有恒，何必三更灯火五更鸡，最无益，莫过一日曝十日寒。这些格言说的都是一个道理：用心一处，不要蜻蜓点水。

第三章 持续"拱卒"的习惯

孔子一生怀才不遇，只好四处流浪，背井离乡。一路上跋山涉水，风餐露宿，这一日他来到了楚国一个山清水秀的地方。由于天气炎热，孔子及其弟子们便在林中歇息避暑。

正在这时，孔子忽然看见一位驼背老人正在用竹竿粘蝉。只见他不慌不忙，动作娴熟，轻轻一粘便是一只，就像是在地上捡东西那样简单。孔子趁老人休息的时候，走上前去，向老人请教捉蝉的方法："一会儿就捉了这么多，你有什么秘诀吗？"

老人说："早先，我学着用竹竿头接运泥丸。开始接运两粒泥丸，使之不失坠。经过不断地练习，我捉蝉时失手的次数就不多了。接着我依次增加泥丸的数目，到接运五颗泥丸而使之不失坠的时候，就会达到我现在的境界。天地虽大，物品虽多，我心中只知道蝉的翼。任何事物都不能打扰我捕蝉的心思。照这样去做，怎会捕不到蝉呢？"

孔子回头对学生说："看来做任何事用心专一，不瞻前顾后，就可以达到如此境界。"

另外还有一则故事，也说明了这一点。

楚国一位著名的钓鱼能手名叫詹何，据说他能够用一根蚕丝作为钓线，用芒草针作为钓钩，用小荆条或小竹条作钓竿，用半颗谷粒作诱饵，不管是在水流湍急的河中，还是在八百尺深的潭里，钓出的鱼要用车才能运走，而且他的渔竿也不会有丝毫损坏。

楚王也听说了詹何的钓术，很想知道其中的奥妙，于是把他招来，问他为什么有这么好的本领。

詹何笑道："先父曾经对我说过这么一件事。有一个叫蒲且子的人射鸟，用很弱小的弓，在箭上系上极细小的丝，趁着风势射出去，能够把在青云之上飞行的大雕射下来。他之所以能够这样，是因为他用心专一，动作灵敏。我从他射鸟中得到启发，就专心致志地琢磨钓鱼的诀窍，经过了五年之久才练就了这一套手艺。

现在，当我在河边钓鱼的时候，我就能做到不去想别的事，把钓线抛入水中，钓钩沉到水里之后，任何事情也不能打乱我。我一动不动，两眼静静地注视着河水。鱼就会以为我的钓饵是水里的尘埃或是水中聚集的泡沫，不知不觉地吞了下去，我顺势轻轻一拉，大鱼就被我钓了上来。这就是我为什么能成为钓鱼能手的道理。"

楚王说："原来如此啊。要是我治理楚国能够引用这一道理，那普天之下的管理也就轻而易举了！"

做事情只要坚持做到两点，就能顺遂人意：一是要专一，不能三心二意；二是勤学苦练，熟能生巧。而现在很多人却做不到这两点，对事物一知半解，还自以为是，"满罐子不响，半罐子叮当"就是对这些人的生动写照。

第四章

CHAPTER 04

精益求精的习惯

知识更新换代的速度越来越快。如果我们不勤于学习如何跟得上时代？不永思进取如何能持续发展？

勤于学习，可以增加自己的才能；永思进取，可以拓展自己的事业。勤于学习其实也是进取的一个方面。一个有进取心的人，必然是一个勤于学习的人。

一个善于终身学习的人，就像怀揣一块巨大无比的海绵，到处吸收营养以为我用。学历是有终点的，但学习却没有止境。特别是身处知识更新换代速度奇快的当今，你只要不学习。三五年后，知识、技术与经验就会完全跟不上时代。

唯有终身学习的人，才能拥有长远的竞争力。

❖ 养成每天学习的习惯

知识和才干的增长，不是一朝一夕的事，只有养成每天学习的习惯，才会有不菲的收获。

威廉·奥斯罗爵士是美国当代最伟大的内科医生之一。他的杰出的成就不仅在于他精深的专业知识和技能,而且因为他具备各方面的渊博知识。他非常重视提高自身的文化修养,也很清楚要了解人类杰出成就的最好途径就是阅读前人留下的文字。

但是,奥斯罗有着比别人大得多的困难。他不仅是工作繁忙的内科医生,同时,他还得任教、做医学研究。除了少得可怜的吃饭、睡觉时间,他大多数时间都浸泡在这三种工作中。

奥斯罗自有他的解决办法。他强迫自己每天必须读15分钟的书,即使有时研究工作已进行到半夜两点,他也会读15分的书。

在长久的坚持下,奥斯罗读了很多书籍。除了专业知识外,他在其他方面的才学也是样样精通。

从清贫困苦的学徒少年到"塑胶花大王",从地产大亨到股市大腕,从商界超人到知识经济巨擘……李嘉诚一路走来,占尽了先机,挣得了巨大的财富。他有什么成功的秘诀吗?

李嘉诚出生在一个书香世家。家学渊源对少年李嘉诚的影响深刻且久远,他对自己14岁之前的求学、求知经历,曾有过这样的感叹:"少年时期学到的知识弥足珍贵,它令我终身受益。"

少年时代,李嘉诚接受了正统的中国传统文化的熏陶。他三岁就能背诵《三字经》《千家诗》等诗文,但年幼的李嘉诚并不满足于先生教授的诗文。李氏家族的古宅,有一间珍藏图书的藏书阁,李嘉诚每天放学回家,便泡在这间藏书阁里,孜孜不倦地阅读课堂里学不到的知识,由此他被表兄弟们称为"书虫"。这为李嘉诚后来的发展与辉煌奠定了宝贵的基础。

可是好景不长,在李嘉诚14岁那年,由于生活所迫,他只好辍学,来到一家茶楼打工,每天要工作15个小时以上。尽管如此,李嘉诚也没有放弃学习，回到家后，他就着油灯苦读到深夜。由于学习太用心，他经常会忘记时间，以至于想到要睡觉的时候，已到了上班的时间。就在他的同事们闲暇打麻将的时候，李嘉诚也是捧着一本《辞海》在细细研读。

后来，李嘉诚来到中南公司做学徒。白天做工晚上的时间全由自己掌握。这时，李嘉诚给自己定下了新的目标——利用业余时间自学完中学课程。可是他的工资微薄，既要维持家用还要供养弟弟妹妹上学，根本没有多少余钱用来买教材。

李嘉诚回忆起这段往事，说："父亲去世时，我不到15岁，面对严酷的现实，我不得不出去工作。但那时的我太想读书了，所以我只能买旧教材自学。我的小智慧也是被环境逼出来的。我花一点点钱，就可以买来一些旧教材，学完后再把它们卖给旧书店。就这样，我既学到知识，又省了钱，一举两得。"

后来，李嘉诚到了香港。对他来说，首先要解决的是说话问题，粤语和英语这两个语言关必须得解决，不然很难在香港立足。

李嘉诚便把学习这两门语言当作一件大事来对待。他拜表妹表弟为师，学习粤语，每天抽时间勤学苦练，很快就学会了一口流利的粤语。

他学习英语也到了走火入魔的地步。在夜深人静时，他怕影响家人休息，独自跑到屋外的路灯下读英语。天刚亮，他又一骨碌爬起来，口中念念有词，不是在朗读就是在背诵英文。功夫不负苦心人，每天刻苦学习的李嘉诚终于熟练地掌握了英语，而这也为他赚取巨额财富奠定了基础。

在"长江塑胶厂"创立之初，李嘉诚敏锐地关注着塑胶行业的动向。终于，他在英文版《塑胶》杂志上发现了一则好消息。他当即做出决定，在一无资金二无技术三无人才的窘境下，只身一人飞赴意大利求师学艺。在意大利的这段日子里，李嘉诚靠着坚韧不拔的毅力、好学求索的智慧和精明能干的胆识，学到了塑胶花生产技艺。

从此，香港迎来了一个塑胶花的黄金时代，也使李嘉诚荣获了"塑胶花大王"的美誉，以及为他打造未来的商业王国攫取了第一桶金。

有人问李嘉诚："今天您拥有如此巨大的商业王国，靠的是什么？"

李嘉诚回答："靠知识。"

那人又问："您这么成功靠的是什么？"

李嘉诚毫不犹豫地回答："靠学习，不断地学习。"

在六十多年的从商生涯中，李嘉诚一如既往地不断学习。他每天晚上睡觉前都要看半个小时的书或杂志，学习知识、了解行情、掌握信息，文、史、哲、科技、经济方面的书他都会读。

李嘉诚说："年轻时，我表面谦虚，内心却很'骄傲'。为什么骄傲？因为我在孜孜不倦地学习着新的东西，每天都在进步，这样我就离自己的目标不远了。"

高尔基说："书籍是人类进步的阶梯。"对于这个"阶梯"的理解，应该是人们一生的经历有限，不可能每件事情都通过自己的行动来获得知识，那么就只能依靠书籍。每天学习，不断进步，这是一个人通往成功的道路。

❖ 充分利用学习的时机

不懂就要学，只有学了才会懂，也只有懂了才会用，用过后，你才会适应。

世界建筑大师格罗斯设计的迪斯尼乐园马上就要对外开放了，然而各景点之间的路该怎样连接还没有具体方案。对此，格罗塔斯感到十分焦躁。巴黎的庆典一结束，他就让司机驾车带他去地中海海滨。

汽车在法国南部的乡间公路上奔驰，这里漫山遍野到处都是当地农民的葡萄园。当车子拐入一个小山谷时，他发现那儿停着许多车子。原来这是一个无人看守的葡萄园。你只要在路边的箱子里投入5法郎，就可以摘一篮葡萄上路。

据说，这是当地一位老太太的葡萄园，她因无力料理，就想出了这个办法。谁知，在这绵延上百里的葡萄产区，总是她的葡萄最先卖完。

这种给人自由、任其选择的做法使大师深受启发。回到住地，他给施工部拍了一份电报："搬上草种，提前开放。"

迪斯尼乐园提前开放的半年里，草地被踩出了许多条小道，这些踩出来的小道有宽有窄，优雅自然。第二年，格罗塔斯让人按这些踩出来的痕迹铺设了人行道。

1971年，在伦敦国际园林建筑艺术研讨会上，迪斯尼乐园的路径设计被评为世界最佳设计。

许多人终生处在平庸的职位上，抱怨薪水太低、运气不好、怀才不遇，却没有意识到自己身处一所可以求得知识、积累经验的社会大学堂里。

之所以出现经常抱怨的现象，最直接的原因就是这样的人不思进取、不重视学习，宁可把业余时间消磨在娱乐场所或闲聊中，也不愿意用在学习上。他们心甘情愿陷于颓废的境地，尚未做任何努力就承认了人生的失败。

公司如此，个人也是如此。一个人如果想要不断地进步，不在将来被淘汰，那么就一定要养成将目光放长远，为将来学习的好习惯。

学习从某种意义上来说就是一个不断地积累、积少成多、集腋成裘的过程。学习机会是广泛的，包括你在生活中的每一步都有可学的东西。所以一个人要想学有所成，就一定要抓紧一切可以利用的时间进行学习。

英国著名生物学家达尔文每次外出考察的时候总是将书的几页撕下来放在大衣口袋里，即便是刚买来的新书也不例外。有人问他为什么不爱惜书，他说在外考察时携带书籍不方便，这样做可以让自己随时利用空闲时间来学习。

达尔文就是因为如此好学，能够充分利用时间来学习，才为日后取得巨大的成就奠定了基础。

当今社会，每个人都面临着不同的压力，属于自己的时间被压缩得很少。但时间是可以挤出来的，每天拿出十分钟的时间读书，应该不是什么难事。每天坚持做下去，你将会受益无穷。一个人储备的知识越多，人生会越充实。因此，零星的努力、细小的进步，日积月累，都是巨大的精神财富。

抓紧一切时间，利用每一分钟，及时学习是非常必要且有效的。在我们的生活中，有太多的零碎时间被浪费了，如果一个人能够好好利用每一天的时间，那么一定会取得很好的成就的。

❖ 向自己学习

要想成功，学习的重要性不言而喻。向他人学习，可以取长补短，互通有无；向书里学习，正如培根所说"读史使人明智，读诗使人聪慧，演算使人精密，哲理使人深刻，伦理学使人有修养，逻辑修辞使人善辩"。这两种学习方式都很好，但许多人遗漏了另外一种学习方法：向自己学习！

也许你会疑惑：向自己学习？太狂妄了吧！其实不然。向自己学习反而是一种必不可少的学习方式，也是自我发展中不可或缺的一种方式。

向自己学习，就是经过实践经验后，反思、总结经验与教训，并提炼出应对策略。其实，在日常的工作和生活中，我们常常这样做，只是，没有意识到这个过程就是向自己学习的过程。

那么，我们需要从哪方面向自己学习呢？

1. 从自己的错误中学习

"金融大鳄"索罗斯说："我的成功，不是来自猜测正确，而是来自承认错误。"实际上，每个人的成功都要从认错开始。认错之后，就要想办法改变，在这个过程中，我们可以请教别人，可以看书,可以分析自己失败的原因,然后找出对策,对症下药。

不断地反思自己过去的思路和方法,并从成功的经验中吸取教训,你便能从中学到最有价值的东西。

以下四种错误是需要我们学习的。

第一种错误是在"在人行道上跌倒"或者"碰还没干的油漆"的错误。从这种错误中,我们可以学到的教训是对这种错误表示沉默。但是,并不是说类似的错误再也不会发生。因为人生的道路总会崎岖不平,我们也总是有抑制不住的强烈愿望,想去看看"油漆未干"是否属实。

第二种错误是低级错误。比如,出门后才想起来忘带钥匙了。如果类似这种事情经常发生,你就需要想办法让自己记住一些事情。解决了这种错误,我们可以变得更加有组织、有规律。

第三种错误就是不断重复前两个错误,却并不知道它是错误,或者不知道如何去改变和学习错误,以期在下一次得到不同的结果。这时,应该改变自己的思维方式。

第四种错误是最有机会学习的错误。它可能是不可避免的,因为事情的整个环节都会渐渐导致失误的产生,这正是需要学习的地方。通过分析原因、时间、特征和错误的本质,会发现错误完全不可避免,但是或许可以利用这些信息,在事情进行的过程中做出不同的反应,从而达到不同的效果。

想要成功,就应该不断地否定自己、创新、再否定……直到找到最棒的解决方案。承认错误并不可怕,可怕的是已经认识到不足后依然不改,故步自封,更可怕的是发现不了自己的错误。

2. 向自己的经验学习

学习是取其精华去其糟粕的过程，所以，在向自己学习的过程中，我们不仅要向自己的错误学习，还要向自己的经验学习。通过实践，不断反思，得出经验，吸取教训，创新工作方法，这是很重要的一步。

有不少人只注意学习别人的经验，而不重视自己的经验。甚至认为学习自己的经验是一种傻瓜行为。他们觉得这样的人过于自信、骄傲自满、思想保守、知识浮浅、心胸狭窄；不是闭关自守、故步自封，头脑僵化，就是生活孤立，没有明确的发展目标。

其实不然。每个人无论学习什么，都可以有三种方法：一是从书本上学，二是从他人的经验中学，三是从自己的实践中去学。向自己的经验学习，并不等于不向别人的经验学习。事实上，三种学习方法是互相渗透的。

因为善于用自己的头脑思考，善于结合自己的实践、经验来积累知识、增长学问的人，不但知道事物的本身，而且能够根据事物的表面现象做出正确无误的判断。遇到应该做的事，他能凭借自己的实践经验，毫不犹豫地去干，并且有始有终地完成。这样的人才是有真本领的人。

向自己的经验学习，首先要总结自己的经验，总结经验的过程也是整理的过程，会让自己更有条理，更有效地发挥自己的优点，所以，这个过程也是学习提升的过程。最好能把自己的经验写出来，然后跟别人分享，这样做既能巩固自己的经验所得，从而提升自己，又能给别人以启示，何乐而不为呢？

❖ 多向成功者学习

向成功者学习，可以先从模仿开始。也许，不起眼的模仿能够给你带来意想不到的收获。

美国加利福尼亚州的大企业家约瑟夫原是牧场的牧羊童。小学毕业后因家境困难不允许他继续升学，他就一边牧羊，一边想方设法读书。但当他埋头读书时，牲口却常常会撞倒铁丝围成的牧栅，跑到邻近的田里去损害农作物。

后来，他发现有一段种着蔷薇的牧栅却从来没有被牲口破坏过。他疑惑地观察原因。"对啦，因为蔷薇有刺！"于是，他砍了一些蔷薇枝栽在牧栅的旁边。然而，用蔷薇作牧栅太费时了，少说也要两三年。

几天后，一个想法触动了他：为何不模仿蔷薇的刺做"铁刺"缠在铁丝栅上呢？他马上行动起来，当天就完成了所有的工作。这一方法果然奏效。就这样，他发明了有刺铁丝，后来他又对刺的装法进行了改良。

想不到意外的"模仿"却给他带来了机遇——原先曾斥责约瑟夫牧羊时看书的老板眼看到他的发明受到各方面人士的称赞，就开始投资生产，而且订货单纷至沓来。约瑟夫因此获得美国的发明专利权。这种刺铁丝还引起美国陆军总部的重视，把它用作战地防线，这又给约瑟夫带来一笔可观的收入。

"如果我所见的比笛卡儿要远一点，那是因为我站在了巨人的肩膀上。"牛顿的这句话很多人都知道，但是不见得每个人都去实践过。成功者身上往往具有成功者的优秀品质，而且很多是需要我们借鉴的。要想更好地把握机遇，赢得成功，学习身边的成功者不失为一条捷径。

模仿是你需要走的第一步。有的人以为模仿只是幼年时代的事，到了成年就无须再模仿了，甚至耻于模仿、反对模仿。这是因为他们还没有从本质上认识模仿的意义。贝多芬的音乐创作对近代西洋音乐的发展有着深远影响，但是你知道他的不朽作品是怎样产生的吗？他是继承了海顿、莫扎特的传统，吸取法国大革命时期的音乐成果，集古典派的大成，从而再创造出来的。

所谓"三人行，必有我师"，有了内行人的指点，常常能达到事半功倍之效。如果你经常参加各种研讨座谈会，听听各行各业的精英在会上的现身说法，传授他们的技巧和方法，就会感觉受益匪浅。

模仿是你抢占机遇的"捷径"。大约20年前，美国制糖公司把方糖运输到南美洲时，在海运中常发生方糖潮湿而损失惨重的事件。公司为此邀请专家研究对策，但始终找不到一个好办法。然而，该公司的一位工人却想到了一个好主意：在方糖包装盒的角落戳个针孔，便能达到防潮的目的。

方法虽然简单，但十分有效。这个工人因为这个"小发明"获得了100万美元的报酬。这个发明很快被传入日本。有个日本人就对"戳小孔"进行了模仿。他到处戳孔试验，结果发现在打火机的火芯盖上钻个小孔可以使通常灌一次气只能用10天的打火机延长到50天。他马上向政府申请专利，并获得了大订货。这里的模仿便是在原基础上的创新。

　　真正有成就的人，是不会计较与人分享心得的，这正是乔治·艾伦能成为举世闻名的足球教练的原因。他曾乐于分享成功的秘诀。我们应该积极和这些人接触，无论是打电话请教，还是阅读他们的著作，试着接近他们，和他们交流。这些成功者的经验都将会让你受益良多。

❈ 失败者也有可学之处

　　一个事业颇有成就的企业家说："一般人都是以成功者为师，把成功者的成就当作奋斗目标，有些人还遵循成功者的模式，以此来构筑自己的未来。这种做法没什么不好，人总需要'希望'来鼓舞。但一切向'成功者'看齐却有可能使人坠入一种幻觉当中，认为'我也可以成功'！殊不知，一个人的成功是需要很多条件配合的，并不是一蹴而就的。

　　"另外，成功者的成功模式因为个性、主客观条件的不同，并不一定适合每个人。所以，向失败者学习，把失败者的失败当成一个案例，仔细探查失败的真正原因，以此作为自己的警惕，也是提高学习能力很有效的一种方法。"

　　这位企业家说，他从创业开始到现在，从未停止仔细观察同行及非同行的失败原因；别人是在成功中获取经验，而他是从别人的失败中吸取教训，因此他不但顺利创业，而且还发展得非常稳定。

他说，企业的"存在"比"壮大"更重要，因为有"存在"，才可能"壮大"，若为了"壮大"而失去"存在"，那就失去了创办企业的目的。何况失败是痛苦的事，更有一失败就永无再起的可能，所以，"避免失败"比"追求成功"更重要。

任何失败都是有原因的，不管是主观因素还是客观因素。不过要了解失败者的失败原因不太容易，失败者往往不愿意谈失败的过去，因为这会暴露自己的无能。

因此，要了解失败者失败的原因，你得多方收集资料，参考专家的分析、同行的看法，至于这位失败者的个人条件，可从他的朋友处了解。

当你把资料收集够了，把它一条条列出来，仔细分析，再归纳成几个重点。

不过并不是了解就算了，你必须把你所观察、分析到的东西拿来检验自己，和失败者做个对照比较。如果你的个性、能力和其他主客观因素都和那个失败者有相似之处，那么你就要提高警觉了。弱的地方要加强，不好的地方要改善，这样你就可以避免和那个失败者犯同样的错误，成功的概率自然会大大提高。

美国著名企业家麦克·戴尔说："我们一向把错误当成学习的机会，重点是要从所犯的错误中好好学习，才能避免重蹈覆辙。"他也是想告诉大家一个道理：失败是后来者的养料。

除了经营事业要向失败者学习外，一般做人做事也应向失败者学习。

在做人方面，多参考他们的个性，观察他们平日的来往和作为，你就可以知道他们做人失败的原因在那里。

在做事方面，"失败者"的例子更多，这里所谓的"失败"包括做得不尽完善的事,这些事一般都会由主管开会进行检讨,这种检讨有时只是应付了事,但因为近在身旁,所以不管检讨是不是在"应付",你都会有不错的收获。

曾有一个将军说:"两军对阵,谁犯的错误少,谁就得胜。"做事也是一样,犯的错误少,成功的概率就会提高,而要减少错误,就是向"失败者"学习,这种教训并不需要你以失败去换取,多么划算啊!

❖ 不要为了学习而学习

在古罗马和古希腊有两个著名的演说家,一个叫西塞罗,另一个叫狄莫西尼斯。每当西塞罗的演讲结束时,听众都会一起鼓掌并大叫:"说得真好,让我们又学到了新的知识!"而当狄莫西尼斯的演讲结束时,听众会立即转身走掉:"说得真好,让我们马上开始行动吧!"

著名学者吉米洛恩说过:"世界上有两种人,他们都在同一本书上读到吃苹果有益于健康的知识。其中一个说'我又学到了知识';另一个二话不说,直接走到水果摊前买了几斤苹果。"吉米洛恩认为买苹果的人才是真正的聪明人,因为他们能够学以致用,而那些"学到了新知识"却不懂得运用的人,充其量只是一个"书呆子"。

知识只有在运用时才能产生力量。一个人不能为了学习而学习。培根在提出"知识就是力量"的口号以后,又做了补充。他说:"学问并不是各种知识本身，如何应用这些学问才是学问以外的、学问以上的一种智慧。"这也就是说，有了知识，并不等于有了与之相应的能力，运用与知识之间还有一个转化的过程，即学以致用的过程。

如果你有很多的知识却不知如何加以应用，那么你拥有得再多也是死的知识。鲁迅说："用自己的眼睛去读世间这一部活书""倘只看书，便变成书橱，即使自己觉得有趣，而那趣味其实是已在逐渐硬化、逐渐死去了。"死的知识不但对人无益，不能解决实际问题，还可能出现害处，就像古时候纸上谈兵的赵括无法避免失败一样。

因此，我们在学习知识时，不但要让自己成为知识的仓库，还要让自己成为知识的熔炉，把所学知识在熔炉中熔化并炼成钢。

会学习者都不只是学习，而是以本身所学为基础，自行再创造出新的东西的一种过程。

姚明是一个非常爱学习的人，而且他总能把学到的东西应用到实践中去，这促成了他的成长。

通过读历史书，姚明喜欢上了诸葛亮这个人物。他说："从诸葛亮身上，我们能学到他解决问题的信条。他是一个非常有智慧的人，他能运用一切可以支配的资源：所有的士兵、军官和将军，找到一种方法让他们百分之百地发挥。"

"即使对手有许多强项，球队也只能有一个目标，就是把球投进篮里。"这是姚明通过学习诸葛亮总结出来的。

学以致用使姚明在NBA中起到了举足轻重的作用。

学习不只是积累知识，还要以本身所学为基础，再发挥创造出新的东西。学习的目的，也不是知识的简单复制，而是为了创造一个新的世界，世界之所以进步即在于此。

学习知识还是为提升智慧而存在的。假如只是收集很多知识而不消化，就等于徒然堆积许多本书而不用，同样是一种浪费。

人不能为了学习而学习。学习固然是让自己知识丰富，但也要让自己变得灵活、机智、善于处理问题。在这个世界上，相同的事物不会经常重复出现。因此，当面临一种新的状况时，谁也不能把以前所学的东西原封不动地运用上去。以前所学的东西只能给人以认识事物的基础，而在此基础上加以研究，使知识更新让后人加以利用才是目的。

❖ 要培养终身学习的能力

能够终身学习的人，是人生的常青树。

拉里·埃里森——全球第二大软件制造商甲骨文公司创始人、总裁兼CEO，曾被《财富》杂志列为世界上第五富的人，2004年《福布斯》杂志全球富豪排行榜显示，他的个人净资产为187亿美元，排名第十二位。

甲骨文公司是世界上最大的数据库软件公司。当你从自动提款机上取钱，或者在航空公司预定航班，或者将家中电视连上英特网，你就在和甲骨文公司打交道。

是什么让埃里森在信息时代能笑傲江湖呢？

学习，是持续不断的学习使他始终走在信息时代的最前沿。

学习，是一个终身的过程，是现代人生命过程的一个重要组成部分。

任何一个人，不管有多高的天资，有多高的文凭，都没有资格说："我已经不用学习了。"

在中国古代的金溪县有个人叫方仲永，他五岁时就能写诗作赋。人们指着什么事物叫他作诗，他都能当即作出，他也由此被认为是神童。有人就请他父亲带方仲永去家中做客，并即席作诗，有的人还会赠送给他们一些银两。方仲永的父亲心中窃喜，便天天拉着他去拜访各路人，而不让他学习。在方仲永13岁的时候，他写出来的诗已不能和以前的名声相称了。又过了七年，他已经变得默默无闻，和一般人一样了。

如此看来，即使神童也得不断学习，否则迟早有一天会"神"不起来。

埃里森曾经对前来应聘的大学毕业生说："你的文凭代表你受教育的程度，它的价值会体现在你的底薪上，但有效期只有3个月。要想在我这里干下去，就必须知道你该继续学些什么东西。如果不知道学些什么新东西，你的文凭在我这里就会失效。"

在我们身边确有一些高学历的人，他们自我感觉已经掌握了改造世界的全部本领，认为出了校门就不用再学习了。其实，这样的认识是非常危险的。

时代在飞速发展，环境在急剧变化，没有一劳永逸的成功，只有不断学习，终身学习，你才不会被抛出时代的列车。

第五章

CHAPTER 05

谦虚谨慎的习惯

古希腊哲学家苏格拉底曾说："谦逊是藏于土中甜美的根，所有崇高的美德由此发芽滋长。"

谦逊的人恪守的是一种平衡关系，也就是让周围的人在对自己的认同上达到一种心理上的平衡，并且从不让别人感到自卑和失落。非但如此，有时还能让别人感到高贵，感到比其他人强，即产生任何人都希望能获得的那种所谓的优越感。

另外，保持谦逊的品德对于人际交往也尤其重要。一个背着自负自傲沉重包袱的人，他的友谊必然少得可怜。这里，谦逊必须以坦诚为基础，否则难免陷入虚伪的泥潭。

❀ 满招损，谦受益

古人有"满招损，谦受益"的箴言，忠告世人要虚怀若谷，对人对事的态度不要骄狂，否则就会使自己处在四面楚歌之中，被世人讥笑和瞧不起。一句话，谦逊是获得成功和赢得人们尊重的最重要的品质之一。

第五章 谦虚谨慎的习惯

尚未达到成功的人并没有什么值得特别骄傲的,因此,更应该而且必须保持谦逊。已经取得成功的人,也不该自高自大、自鸣得意和自以为是,而应该继续保持谦逊的作风,因为知识是无穷的,没有任何一种力量能够永远战胜未来。而未来才是不骄不躁的裁判,一切自以为是的骄傲情绪都会被无情地判罚出局。

有些错误是在无知中产生的,还有些错误是由骄傲引发的,被胜利冲昏了头脑,评判事物的标尺就会失衡。所以,即便是取得了一定成就的人,也不应该自以为是、沾沾自喜。

不论是属于意外的幸运,还是经过长期艰苦奋斗终于取得了成功,心中充满巨大的快乐,以至一时间欣喜若狂都是可以理解的。因为,人生中还有什么比成功更值得高兴的事情呢?但是如果一个人仅仅因一次成功,从此一直得意扬扬,到处显耀自夸,总是表现出一种优胜者的得意忘形和骄傲自满,人们虽然不至于说他是疯子,大概也绝不会敬佩他,而只会鄙视他。

不谦逊的人大多不能正确地看待自己,并且容易走进重复自己的怪圈。因为他被自己头上的那层光环迷住了双眼,有些眼花缭乱,有些飘飘然,从而看不清自己的未来的路。

伴随着岁月无声的流逝,自以为已经走了很远,有一天突然醒悟,才知道自己还停留在当初的起跑线上。也许直到那时,他才会发现,同龄人和周围的世界已经变得面目全非。也许直到那时,他才会爬起来,扔掉头上的光环,走出怪圈,不再重复自己。

古人曾告诫过我们:"天行健,君子以自强不息。"

我们所感觉、所认识到的那无边无际的宇宙天体,它也是在永恒地流转不息,旋转前进。我们与万事万物一道,都存在于这个流转不息的天地之间。大凡有志之士，要修成德行、学问、事业、功名，也应效法天道，永无止息地努力、前进、创造。

我们生活在时间的长河中，既不可能让时间凝固，更不可能让时间倒转。过去的一切都已经过去，无论多么辉煌都已经过去，对我们的生命实际上不可能构成新的意义。现在是一个不断成为过去、不断迎接未来的时刻。

所以，不断地对我们的生命构成新的意义的唯有未来。未来一切的可能性都存在于我们的生命运动之中，只有面向未来的生命才有可能放光彩。

我们太应该认清自我，以便不使自己混同于他人，从而实现自我，不要抄袭别人，而应该不断地超越自我。

如果我们能把自我放在这样一个不断被反问、不断被超越的境地，我们一定会迎来一个"更优秀的自己"，从而使我们的生命呈现出一种不一样的精彩。

❖ 骄傲的原因是无知

苏格拉底是古希腊哲学家中最受人尊敬的一位。他不仅学识渊博，而且非常善于辨析，当时能够提出的任何问题，只要到了他的手里，没有不迎刃而解的。但是他非常谦逊，从来不以权威自居，而是循循善诱，让对方自己得出正确的结论。

戴尔·卡耐基与人交谈时也总会谈到苏格拉底的一个"小秘

密"，即在辩论一开始时就不断地说"是的，是的"，然后用"但是"和提问引导对方，这样就使对立的辩论变成了沟通式的交谈，让对方心悦诚服于自己的观点。

由于博学而谦逊，苏格拉底被世人公认为最聪明的人。

然而，世上总有一些人自以为有所知，甚至以为"老子天下第一"。这样的人，哪有不跌跟头的。

楚汉相争时，项羽勇将龙且奉命率领大军，日夜兼程向东进入齐地，救援齐王田广。

韩信正要向高密进军，听说龙且兵到，召见曹、灌二将，嘱咐他们："龙且是项羽手下有名的猛将，只可智取，不可跟他硬拼，我只能用计擒住他。"于是，他命令部队后撤三里，选择险要的高地安营扎寨，按兵不动。

楚将龙且以为韩信怯战，想渡河发起攻击。属下官吏向他建议："齐王田广数万部队已经吃了败仗，又都是本地人，顾虑家室，容易逃散；他们溃逃，我们也支持不住。韩信来势很凶，恐怕挡不住。最好是按兵不动，暂不与他正面交锋。汉兵千里而来，无粮可食，无城可守，拖他们一两个月，就可不攻自破了。"

龙且性高气傲，目空一切。他连连摇头道："韩信不过是一个市井小儿，有什么本领？听说他少年时要过饭，钻过人家的裤裆。这种无用之人，怕他什么！"

副将周兰上前进谏道："将军不可轻视韩信。那韩信辅佐汉王平定三秦，平赵降燕，今又破齐，足智多谋，还望将军三思而行。"

龙且把手一摆，笑着说："韩信遇到的对手，统统不堪一击，所以侥幸成功。现在他碰上我，他才晓得刀是铁打的，我管教他脑袋搬家！"

当下，龙且派人渡水投递战书。

为准备决战，韩信命军士火速赶制了一万多条布口袋，当夜候用。黄昏时分，韩信召部将傅宽，授予密计："你带兵各自带上布口袋，偷偷到潍水上游，就地取泥沙装进口袋里，选择河面浅窄的地方堆上沙口袋，阻挡流水。等明天交战时，楚军渡河，我军发出号炮，竖起红旗，即命兵士捞起沙口袋，放下流水，至要至要！"

韩信命众将今夜静养，明日见红旗竖起，立即全力出击。第二天，他又命曹参、灌婴两军留守西岸，自己率兵渡到东岸，大声挑战道："龙且快来送死！"

龙且本是火暴性子，一听韩信这狂言，便怒气冲冲，跃马出营，举刀直奔韩信。韩信急忙退进阵中，众将出阵抵挡。韩信拍马就走，众将也忙退兵，向潍水奔回。

龙且哈哈大笑，说道："我早说过韩信是个软蛋，不堪一击！"说着，龙且领头追去，周兰等随后紧跟，追近潍水，那汉兵却渡过河西去了。

龙且正追赶得起劲，哪管水势深浅，也就跃马西渡。周兰看见河水忽然浅了，有些怀疑，急忙追上去想劝住龙且。楚军两三千人刚刚渡到河中，猛然一声炮响，河水忽然上涨了好几尺，接着便汹涌澎湃，如同滚筒卷席一般。河里的楚兵站立不稳，被汹涌的大浪卷走，不久便是满河浮尸。

这时汉军阵中红旗竖起，曹参、灌婴从两旁杀来。韩信率众将杀回来。不管龙且如何骁勇，周兰如何精细，也冲不出汉军的天罗地网。结果是龙且被斩，周兰被擒，两三千楚兵统统当了俘虏。

听龙且对韩信的评价，几乎完全不了解对方。所言种种，无非出身低微，忍胯下之辱一类的逸言，以此为据而战兵于韩信，岂有不败之理？

列夫·托尔斯泰也曾经有一个巧妙的比喻，用来说明骄傲的原因。他说：一个人对自己的评价像分母，他的实际才能像分数值，自我评价越高，实际能力就越低。

托尔斯泰的比喻，生动地说明了一个人的自我评价与其真才实学之间的关系。愿这个比喻能牢记在年轻人心中，并时时起到警钟的作用。

❖ 骄傲自大酿苦酒

人生在世会遇到各种各样的险境，骄傲自大可能是最可怕的一种。处境卑微自然不幸，却没有太大的危险，趴在地上的人是不会被摔死的。最可怕的情境是身处险峰而高视阔步，只谓天风爽，不见峡谷深。这正是人们骄傲时的典型情境。

其实，只要脚下的某块石头一松动，就有坠入深渊的危险，而那些不可一世的英雄却全然不觉，兀自陶醉于"一览众山小"的壮景豪情中。殊不知，正是这种时候，脚下的石头是最容易松动的。

古往今来，一个"傲"字毁了多少盖世英雄！

三国时候，祢衡很有文才，在社会上很有名气。但是，他恃才傲物，容不得别人，如此别人自然也容不得他。所以，他"以傲杀身"，被杀于黄祖。

祢衡所处的时代，各类人才是很多的，但他目中无人，经常说除了孔融和杨修，"余子碌碌，莫足数也"。即使是对孔融和杨修，他也并不很尊重他们。祢衡20岁的时候，孔融已经40岁了，他却常常称他们为"大儿孔文举，小儿杨德祖"。

经过孔融的推荐，曹操见了祢衡。见礼之后，曹操并没有立即让祢衡坐下。祢衡仰天长叹："天地这样大，怎么就没有一个人！"

曹操说："我手下有几十个人，都是当今的英雄，怎么说没人？"

祢衡说："请讲。"

曹操说："荀彧、荀攸、郭嘉、程昱机深智远，就是汉高祖时候的萧何、陈平也比不了；张辽、许褚、李典、乐进勇猛无比，就是古代猛将岑彭、马武也赶不上；还有从事吕虔、满宠、先锋于禁、徐晃，又有夏侯惇这样的奇才，曹子孝这样的人间福将，怎么说没人？"

祢衡笑着说："您错了！这些人我都认识，荀彧可以让他去吊丧问疾，荀攸可以让他去看守坟墓，程昱可以让他去关门闭户，郭嘉可以让他读词念赋，张辽可以让他击鼓鸣金，许褚可以让他牧羊放马，乐进可以让他朗读诏书，李典可以让他传送书信，吕虔可以让他磨刀铸剑，满宠可以让他喝酒吃糟，于禁可以让他背土垒墙，徐晃可以让他屠猪杀狗，夏侯惇可称为'完体将军'，曹子孝可叫作'要钱太守'。其余的都是衣架、饭囊、酒桶、肉袋罢了！"

曹操很生气，说："你有什么能耐，敢如此口出狂言？"

祢衡说："天文地理，无所不通，三教九流，无所不晓；上可以让皇帝成为尧、舜，下可以跟孔子、颜回比美。怎能与凡夫俗子相提

第五章 谦虚谨慎的习惯

并论！"

这时，张辽在旁边，拔出剑要杀祢衡，曹操阻止了张辽，悄声对他说："这人名气很大，远近闻名。要是杀了他，天下人必定说我容不得人。他自以为了不起，所以我要他任教吏，以便侮辱他。"

一天，祢衡去面见曹操，曹操特意告诉看门人："只要祢衡到了，就立刻让他进来。"祢衡衣衫不整，还拿了一根大手杖，坐在营门外，破口大骂，使曹操侮辱祢衡的目的没能达到。

有人又对曹操说："祢衡这小子实在太狂了，把他押起来吧！"

曹操当然很生气，但考虑后还是忍住了，说："我要杀他还不容易？不过，他在外总算有一点名气。我把他送给刘表，看看结果又会怎么样吧。"就这样，曹操没有动祢衡一根毫毛，让人把他送到了刘表那里。

到了荆州，刘表对祢衡不但很客气，而且"文章言议，非衡不定"。但是，祢衡骄傲之习不改，多次奚落、怠慢刘表。刘表又出于和曹操一样的动机，把他送给了江夏太守黄祖。

到了江夏，黄祖也能"礼贤下士"，待祢衡很好。祢衡常常帮助黄家起草文稿。有一次，黄祖曾经握住他的手说："大名士，大手笔！你真能体察我的心意，把我心里要想说的话全写出来啦！"

但是，后来在一条船上，祢衡又当众辱骂黄祖，说黄祖"就像庙宇里的神灵，尽管受大家的祭祀，可是一点儿也不灵验。"黄祖下不了台，恼怒之下，把祢衡杀了。祢衡死时才26岁。

曹操知道后说："迂腐的儒士只会摇唇鼓舌，自己招来杀身之祸。"

祢衡短短一生未经军国大事，是块什么样的材料很难断定。然而，狂傲至此，即使他有孔明之才，也必招杀身之祸。

关羽大意失荆州，同样是历史上以傲致败最经典的一个故事。

三国时期，吴将吕蒙来见孙权，建议乘关羽和曹操合围樊城的时候，偷袭荆州。这建议正合孙权之意，立刻委以重任。

可是，吕蒙发现镇守荆州的蜀将关羽警惕性很高，荆州军马整齐，沿江又有烽火台警戒，互透军情，很难正面攻破。正在苦思偷袭之计，陆逊来访，教给吕蒙一条诈病之计。

陆逊说："关羽自恃是英雄，无人可敌。唯一惧怕的就是将军你了。将军乘此机会可假装有病，解去军职，把陆口的军事任务让给别人，又使接你职务的人大赞关羽英武，使关羽骄傲轻敌。这样，关羽就会把防这荆州的兵调去攻打樊城。假如荆州没有防备，将军只需用小股军队突袭荆州，便可以重新掌握荆州了。"

吕蒙大喜，说："真好计也！"

后来，吕蒙果然请了病假，回到建业休息，并推荐陆逊代他守陆口。关羽得到消息知道吕蒙病重，已调离陆口，新来的陆逊又名不见经传，遂有轻敌之心。他还收到了陆逊送来的礼物，附上一封措辞卑谨的信函。

信中说："将军（关羽）在樊城一役中，把曹将于禁俘虏过来，水淹七军，远近赞叹，都说将军的功劳足以流芳百世。就算是晋文公大胜楚军的英勇，韩信打败赵兵的谋略，也不及您老人家……这次曹操失败了，我们听到也很高兴。但是，曹操很狡猾，不会甘心失败，恐怕会增调援兵，以求一逞野心。虽说曹军师老，还是很强悍的。况且战胜之后，一般都会出现轻敌的观念。所以古人用兵，胜利之后就应更加警觉。希望将军您多方面考虑计划，以获全胜。我只是一介书生，没有能力担任现职，幸好有您老人家这样强大的邻居，愿意把想到的贡献给将军做参考，希望将军能多加指教！"

关羽看了这信，仰面大笑，命左右收了礼物，打发使者回去。他觉得这个年轻书生人不错，用不着防范，于是，他下令把原来防备东吴的军队陆续调往樊城前线。

就在这时，曹操听司马懿之计派使来到吴国，要孙权夹击关羽。孙权早已决定要袭取荆州，所以马上复信，表示同意。这样，原来的孙、刘联盟抗曹，一下子变成了曹、孙联盟破刘，形势急转直下。孙权拜吕蒙为大都督，统领江东各路兵马，袭击关羽的后方。

吕蒙到了浔阳，命士兵们穿了白色的衣服扮作商人，借故潜入烽火台，攻取了荆州。

事情到了这个地步，关羽才知道自己对东吴的防备太大意。为了重振军威，他带着日益减少的人马准备南下收复江陵。但是，在吕蒙、陆逊的分化瓦解下，他只能步步败退，最后只有困守麦城。在小城既得不到西川的消息，又盼不来援兵，他只好带一部分士兵偷偷地从城北小路逃往西川。但他哪里知道，吕蒙早已派兵埋伏在那里了，一阵鼓响，伏兵四出，关羽被生擒活捉。同年12月，关羽被斩首，荆州各郡县皆归东吴。

关羽之死，可谓千古悲歌。其一生忠义，几近完人。只为一个"傲"字，失地断头。虽然令人感叹，更为后人敲响了警钟。英雄如关羽，尚且骄傲自大不得，年轻人哪里还有骄傲的理由！

❖ 谦逊的人，事业无止境

懂得谦逊就是懂得人生无止境，事业无止境，知识无止境。知之为知之，不知为不知，知不知者，可谓知矣。海不辞水，故能成其大；山不辞石，故能成其高。有谦乃有容，有容方成其广。人生本来就是克服了一个又一个障碍前进的，攀登事业的高峰就像跳高，如果没有一个刹那间的下蹲积聚力量，怎么能纵身上跃？

人生又像一局胜负无常的棋，我们无法奢望自己永远立于不败之地。况且，"鹤立鸡群，可谓超然无侣矣，然进而观于大海之鹏，则渺然自小；又进而求之九霄之凤，则巍乎莫及"。只有建立在谦逊谨慎、永不自满的基础之上的人生追求才是健康的、有益的，才是对自己、对社会负责任的，也一定是会有所作为、有所成功的！

晋襄公有位孙子，名叫惠伯谈，晋周是惠伯谈的儿子。

这位晋周生不逢时，遇晋献公宠信骊姬，晋国公子多遭残害。晋周虽然没有争立太子的条件，更无继位的希望，也同样不能幸免。

为保全性命，晋周来到周朝，跟着单襄公学习。

晋是当时的大国，晋周以晋公子身份来到周朝。但晋周自小受父亲教育，养成良好的品性，他的行为举止完全不像一个贵公子。以往晋国的公子在周朝，名声都不好，晋周却受到对人要求严厉的单襄公的称誉。

单襄公是周朝有名的大臣，学问渊博，待人宽厚而又严厉，是周天子和各国诸侯王公都很尊敬的人，晋周很高兴能跟着他，希望能跟着单襄公好好学习，从而成长为有用的人才。

单襄公出外与天子王公相会，晋周总是随从在后。单襄公与王公大臣议论朝政，晋周从来都是规规矩矩地站在单襄公身后，有时一站就是几个小时，晋周从未有一丝不高兴的神色。王公大臣都夸奖晋周站有站相，坐有坐相，是一个少见的谦恭君子。

晋周在单襄公空闲时，经常向单襄公请教。交谈中，晋周所讲的都是仁义忠信智勇的内容，而且讲得很有分寸，处处表现出谦逊的精神。

虽然人在周朝，晋周却十分关心晋国的情况，一听到不好的消息，他就为晋国担心流泪；一听到好消息，他就非常高兴。一些人不理解，对晋周说："晋国都容不下你了，你为什么还这样关心晋国呢？"晋周回答："晋国是我的祖国，虽然有人容不下我，但不是祖国对不起我。我是晋国的公子，晋国就像是我的母亲，我怎么能不关心呢？"

在周朝数年，晋周待人一直是谦逊有礼，从未有不合礼数的举动发生，就连周朝的大臣都夸奖他。

单襄公临终时，对他儿子说："要好好对待晋周，晋周举止谦逊有礼，今后一定会做晋国国君的。"

晋国国君死后，大家都想到远在周朝的晋周，就欢迎他回来做了国君，成为历史上的晋悼公。

晋周本是一个毫无条件争当太子的王子，仅以谦逊的美德征服了国内外所有有权势的人，最终被推上了王位，可见谦逊的力量有多大。老子说的"上善若水，水利万物而不争""夫唯不争，故天下莫能与之争"，的确不是虚言。

　　许多人对于谦逊这项重要的特质感到不以为然。事实上，谦逊是一项积极有力的特质，若加以妥善运用，可使人类在精神、文化或物质上得到不断提升与进步。

　　谦逊是人性中的精髓，因为谦逊，圣雄甘地使印度独立自由，施韦策为非洲人创造了更美好的世界。

　　不论你的目标为何，如果你想要追求成功，谦逊都是必要的条件。在到达成功的顶峰之后，你才会发现谦逊有多么重要。只有谦逊的人才能得到智慧。

　　对于谦逊，我们还要指明一点：在这个现实的世界，好的道德与才能，如果没有人知道，并不是很好的回报。这不仅是在欺骗自己，也是在欺骗别人，更是对自己功绩的诋毁。所以，过度的谦逊并不是一种可取的美德。俗话说"过分的谦虚等于骄傲"，说的就是这个道理。

第六章

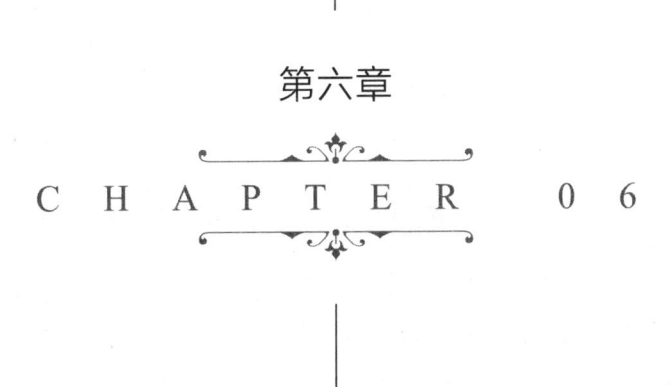

CHAPTER 06

清心寡欲的习惯

一个财主不慎掉进河里,在水中一边扑腾一边喊救命。然而,岸上却没有人。上帝见了,对财主说:"你若解下腰上包袱里的黄金,不就可以游上岸了吗?"财主听了,生怕河水将他的包袱冲走,反而用手紧紧地抓住包袱——就这样,他沉入了水底,再也没有机会浮到水面上来。

贪婪是灾祸的根源。对于贪婪的人,上帝也救不了他。为人处事,若贪欲过盛,则不免损害他人利益遭到众人唾弃;经营事业若好高骛远过于贪婪,事业难以长久。

《好了歌》中说:"世人都晓神仙好,惟有功名忘不了!古今将相在何方?荒冢一堆草没了。世人都晓神仙好,只有金银忘不了!终朝只恨聚无多,及到多时眼闭了……"凡事看淡一些,就不会耿耿于怀,就不会铢锱必较,就不会因争名夺利而人缘尽失、头破血流。

❖ 贪婪使人丧志

"火山依旧在那里,它并不总让人看见。但是,没有人知道什么时候会突然喷发,一旦喷发,正踏在火山口的人只能是毁灭。不管你刚才是多么荣耀,也不管你的攀登是否已经接近成功。"

一般来说,凡贪心十足的人,凡想要把什么东西都搞到自己手中的人,其中尤以贪财、贪色者为众,但结局往往是搬起石头砸了自己的脚。

贪得无厌的人总是没有好下场的。

不过,因为贪得无厌这四个字具有相当大的"功能"。譬如说,它能"及时"地满足人们一时的欲望,给人们带来暂时的"忘情的欢乐"、"恣意的享受"和"莫大的刺激",所以有的人会不顾一切地追求这个贪字,甚至不惜为它"殉职""殉身"。

贪得无厌的人往往都是极端的自私自利者,恣情享乐、欲望无边。英国大思想家培根曾经说过这样一段话:"一个最可恶的人是一切行动都以自我为中心。"自私、利己,是一切贪得无厌的人的共同特征。他们恪守的信条是:人不为己,天诛地灭。

第一,认钱不认人。俄国大文学家普希金说:"金钱万能同时又非万能,它遗祸于人,破坏家庭,最终毁灭了拥有者自己。"为什么?就在于他们所关心的、所追求的只是钱,而且无论对自己或对他人,衡量的标准也只有一个:那就是钱。

第二，认钱不认理。物欲化使人过于强调享受和占有，使人失去理性变得异常地贪婪。人要不要有物质的欲望？到了当今社会，这已经成了一个无须讨论的"问题"了。物质欲望的确是人生存在的前提条件和根本保障。

然而，如果一个人将物欲作为个人唯一追求的对象，那就值得讨论了。因为它必然会使人变成一个完全、彻底、纯粹的利己主义者，人会因此越来越贪得无厌，越来越自私，越来越恪守"人不为己，天诛地灭"的信条，就会远离群体，无法在社会中生存下去。

的确，对金钱的过分崇拜会使人失去理智，使一个"明白人"变成"糊涂人"，导致人们贪得无厌，捞钱不计后果，不择手段，什么样的钱都敢拿，什么样的钱都敢花。诚如恩格斯所说："在这种贪得无厌和利欲熏心的情况下，人的心灵的任何活动都不可能是清白的。"在这种旺盛的金钱欲望的驱使下，什么事情都做得出来。

宋学者程颐说："淤泥塞流水，人欲塞天理。"在无限膨胀的金钱欲望下，人的良心、公德、职业道德、礼义廉耻等统统都会被扔到九霄云外，在这种情况下，人是很少会有理性的。

第三，认钱不认志。人之所以是人，就是因为人活在世界上并不只是为了自己的生存，他应该通过自己的生命活动去实现自己的目标、抱负和志向，从实现自己志向的过程体现人的社会价值。也只有这样才能获得他人的尊重，获得社会的承认，才能真正地实现自我的价值。

因而凡是伟人，是从来不将金钱作为自己的最重要的志向的，总是心中装有大目标，总是将伟大的事业、宏伟的抱负和志向作为自己毕生奋斗的方向。也许正是由于信念的支持，才使他们忍受得住种种

第六章 清心寡欲的习惯

挫折和考验。

当今社会，有不少人本是很有志向的人，只是因为有的人心志不坚，在不良思潮冲击下，因此而失去了昔日的雄心壮志，失去了远大的理想，失去了美好的奋斗目标。他们的社会责任感日益弱化，什么主义，什么理想，什么奋斗，在这些人眼中统统都被抛之一边，最终成为一个堕落的人。

第四，认钱不认法。贪婪，实际上是一种不劳而获的占有欲望，是想通过某种手段、某种方法将他人的"所属"变为自己的"所属"。因为这种占有欲望完全是一种过分的、不切实际的、想入非非的邪念，因此，为了实现这种贪得无厌的欲望，他就必须使用一般人想不出来的"诱人的绝招"来，做出一般人想不出来的"使人上钩的绝活"来。

当然，这些"绝招"和"绝活"大多是不道德的、带有阴谋性的，甚至是违法的、犯罪的。有的人为了实现自己过分的、不切实际的、想入非非的物质欲望，什么原则，什么公德，什么职业道德，什么做人的良心，什么规章制度，什么礼义廉耻统统都不要了，有的甚至不惜以身试法，以极其野蛮的、残忍的、卑鄙的手段巧取豪夺，干出那些违法犯罪的勾当。

第五，认钱不认"格"。良好的人格是人性中最为宝贵的东西，它往往表现于日常的做人、为人之中，一个品德高尚的人不仅能禁得住金钱的诱惑，而且是诚实、正直和有信用的。然而，有些人在金钱的诱惑下人格就会扭曲，对有钱人是一副脸，对没钱人又是一副脸，为了某种需要，甚至不惜出卖自己的人格、国格，去做那些不顾廉耻之事。

古人说:"凡人坏品败名者,钱财占了八分。"这句话是很有道理的。有不少人之所以变得那么自私,那么富有虚荣心,对一些人那么谄媚、一副奴相,忘了做人、为人的道理,也许就是金钱这个魔鬼在起作用。"金钱不是万能的,然而没有金钱是万万不能的"的话为什么那么"深入人心",就是与社会上这种过于强调金钱的倾向密切相关。结果怎样呢?它会使人的行为始终围绕着金钱转圈。

俗话说,"有钱能使鬼推磨。"它的意思是说只要有了金钱,你可以让"鬼"来为自己服务。现在却变了,变成了"有钱能为鬼推磨",表面上看只变了一个字,然而其含义却发生了很大的变化,即人的行为从"被动"变成了"主动",其行为的格调怎么会高呢?

❖ 贪欲导致悲剧

古时候,一个放羊的男孩在一个偶然的机会发现了一个深不可测的山洞。这个地方很隐蔽,他从未涉足过。好奇心驱使他一步步地往山洞深处走去。突然间,在洞的深处,他发现了一个金光闪闪的宝库。

天哪,这是不是人们常说的天下第一宝藏呢?放羊的男孩很高兴,小心地从几万吨的金山中拿了小小的一条。他自言自语道:"要是财主不再让我帮他放羊的话,这一条金子也够我生活一段时间了。"他一边说一边回到了放羊的山上。

然后,他不慌不忙地将羊赶回了老财主家,并如实将这一天的发

第六章 清心寡欲的习惯

现告诉了财主,还把自己捡到的那块金子拿出来给财主看,让他辨别真假。财主一看、二摸、三咬之后,一把将放羊的男孩拉到身边,急切地询问藏金子的洞在哪里。

男孩把藏金子的山洞的大体位置告诉了老财主。老财主马上命令管家与手下们直奔男孩放羊的那座山,他还担心男孩的话可能有假,便让男孩为他们带路。

财主很快见到了真的金山,高兴得不得了,心想:这下我可发了大财了。他赶忙将金子装进自己的衣袋,还让一起进来的手下拼命装。就在他们把小男孩支走,准备带走所有的金子的时候,洞里的神仙发话了:"人啊,别让欲望负重太多,天一黑下来,山门就会关了,到时候,你不仅得不到半两金子,连老命也会丢掉,别太贪心了。"

可是,财主就是听不进去。他想山洞这么空旷且又那么坚硬,就是天大的石头砸下来,也砸不到自己的头上,何况这里有这么多的金子,不拿白不拿,重一点怕什么。拥有了这些金子,出去后自己不就是大富翁了吗?于是,财主还是不停地搬运,非要把金山搬空不可。忽然,一阵轰隆隆的雷声响起后,山洞瞬间被地下冒出来的岩浆吞没了。

不论在什么社会,什么国家,贪婪者、自私者都是卑鄙的、遭人唾弃的,都会受到社会的谴责,遭到公众的鄙视。试想,一个人在得不到周围人的帮助,甚至经常受到周围的人的排挤与打击,他的人生之路怎么可能会一路顺畅呢?

人在进入社会后有各种各样的欲望。有的人的欲望是客观的、有节制的,这样的欲望会是一种目标,一股动力,它可以使人具有远大的目标和斗志。有的人的欲望则是主观的、无限制的，甚至连他自己也说不清楚需要多少才能得到满足，这样的欲望会给自己增加压力，超负荷的欲望会羁绊人前进的脚步，有的甚至会将其引向歧途，最终导致悲剧的发生。

❖ 如何戒除贪婪

商业社会，要真正做到完全脱离物质而一味追求人格高尚纯洁确实很难。但只要有了人格追求，起码可以活得轻松潇洒些，不为物质所累，更不会为一次晋级、一次涨薪而闹得不可开交。既不会因此闷闷不乐，郁郁寡欢；也不会为功名利禄而趋炎附势，出卖灵魂，丧失人格。

在现实生活中，每个人都可能有一两次这样的经验和体会，当你放弃利益，保住人格时，那种欣喜愉悦是发自肺腑的。

大凡贪图物质享受的人，他们的生活往往容易陷于糜烂，而精神生活空虚不堪，同时也不会有高尚的品德，因此他们为了能得到更高层次的享受，不惜用任何手段去钻营名利，甚至摆出一副卑躬屈膝的态度也在所不惜。为人处世，如果不本着"君子爱财，取之有道"的原则而过分地追求生活享受，不但会做出损人利己的行为，甚至还会触犯刑法。

那么，我们应该怎样戒掉使人堕落的贪婪呢？以下几点，可作为人们自戒的参考。

——多克制一点自己不切实际的、过分的欲望，就是说不要纵欲，要节欲；

——多想一想"若要人不知，除非己莫为"的简单道理，就是说作为一个人要理智一点，不要耍小聪明，不要聪明反被聪明误；

——多想一点法律的威力和自己的前途，就是说即使为了自己的将来也不能做那些违法乱纪和伤天害理的事；

——多想一想悲剧性后果对自己家庭、妻子、孩子的影响，就是说一个人要多一点责任感，包括自己在家庭中的责任；

——多对自己或大或小的权力进行约束，就是说一个人在有权时不要得意忘形，不要肆无忌惮；

——多反省自己的言行，就是说一个人要加强自己的人格修养，随时随地地严格要求自己。

一个人大致做到了上述几点，就不会堕入贪婪。

❖ 放弃多多益善的想法

年轻的猎人设计了一个捕捉野鸡的装置。他在一个大箱子里面和外面撒了玉米。大箱子有一道门，门上系了一根绳子，而他则抓着绳子的另一端躲在暗处。只要有野鸡进入箱子，他就可以通过拉扯绳子把门关上。

布下装置的第一天，就飞来了一群野鸡。猎人数了数，有26只。一只野鸡发现了大箱子里的玉米，进入箱子，紧接着又陆续进入了10

只。猎人想将箱子的门关上，但转念一想，还是再等一等吧，说不定还会有更多的野鸡进入箱子里。

他正陶醉在自己的想法中时，不料一只野鸡溜了出来。他想还是把箱子的门关上算了，但一想到本来就属于自己的11只野鸡现在只剩下了10只，又不甘心。他决定等箱子里再有11只野鸡后就关上门。然而，就在他等第11只野鸡的时候，又有2只野鸡跑出来了。他想等箱子里再有10只野鸡时就拉绳子。可是在他等待的时候，又有3只野鸡溜出来了。最后，箱子里的野鸡全跑了。真是应了那句话："偷鸡不成，反蚀了一把米！"

都说该出手时就出手，却很少有人说该休手时就休手。整天忙忙碌碌，东索西取，生活的意义何在？人生的乐趣何在？

只要你拥有"多多益善"的想法，认为物质生活"越多越好"，你就永远不会满足。

每当我们得到什么或达到了某一目标，我们大部分人就会立即再继续做下一件事。这压制了我们对生活和幸福的欣赏。

学会满足并不是说你不能、不会，或不该想得到比你的财产更多的东西，只是说你的幸福不要依赖于它。你可通过更着眼于现实，而不是太注重你想得到的东西来学会满足现有的一切。

你可以建起一种新的思维来欣赏你已享有的幸福，以新的眼光来看待你的生活。当你建立起这一新的意识，你将会发现，当新的财产或成就进入你的生活，你的幸福程度将被提高，而你的生活也将变得更加快乐。

❖ 保持心情的宁静

人生活在现实世界，总有一些让我们烦恼的事情，比如在家中，在单位，甚至走在大街上，你都会遇到许多烦心事：孩子功课不好，又不用功；单位领导莫名其妙地冲你发火，为一件微不足道的事批评了你一小时；路上，一个人嫌你挡了他的道，骂个没完……

正如古人所说，人在面对着外界的这些干扰时，自然会承受来自各方面的压力。

美国学者马尔登说，不安和多变，是形容现代生活的贴切词语。我们必须面对不安的生活，使我们的船驶过人生的险道——否则，就只有退回起点，恢复妄想和苦闷。因为能为我们担保的东西很少，我们只有学习尽力去克服那些危险，才能过上更满意的生活。

所以，不要因外界的纷纷扰扰而自乱阵脚，乱了自己生活的步子，更不要心生烦躁、忧虑、焦灼，要保持内心的宁静。

一位空军飞行员谈到他在空中翱翔的感受："当我从高空往下望，看到人如蚂蚁、屋如火柴盒时，发觉一切事物都是那么微不足道。下了飞机后，整个人就开朗多了，很多从前想不开的事情都已不再那么在乎了，也不再那么计较了，因为心境已全然不同。"

当你面对不如意的事，拉高视野，向下望一望时，不觉得那些小事都很好笑吗？想一想，过了一二十年，谁还会记得这些呢？

千万不要让这些小事把我们绑住，耗损我们的心力，以至于无法专注其他更重要的事情。下次再碰到不如意的事时，用旁观者的心态冷静看待这些事，并超然于这些事情之上。

有一个心理学家做了一个很有意思的实验。

他要求一群实验者在周日晚上，把未来七天所要烦恼的事情都写下来，然后投入一个大型的"烦恼箱"。

到了第二周的星期日，他在实验者面前打开这个箱子，逐一与成员核对每项"烦恼"，结果发现其中有九成并未真正发生。

接着，他又要求大家把那一成的字条重新丢入纸箱中，等过了三周，再来寻找解决之道。结果到了那一天，他开箱后，发现剩下的那一成烦恼也已不再是烦恼了。

在一片混乱之中保持平静和安宁的方法就是要找到你的"风暴之眼"。所谓"风暴之眼"，原是指台风、飓风甚至是龙卷风的中心地带，一块自始至终风平浪静的地带。这片地带以外的任何事物都被席卷而去，只有这个中心仍旧保持着平静。

如果我们能在"社会风暴"和"人际风暴"中找到它的"风暴眼"，则不论周围环境有多恶劣，噪声有多大，我们都能够做到耳根清净，心情平和，临危不乱。而这个"风暴眼"其实就是我们自己镇静从容的心境。

要保持这种平静心境，就要学会注意我们的感觉，注意我们生命的质量，注意人生中最重要的事情，停止担忧那些不重要的事情，比如衣服不太合身，交通又堵塞了，有人好像对自己不友好，这次晋升有没有我，别人买了汽车而自己还没有等。我们还要学会不要昧于事理，让生活失去了平衡，就是说，不要让工作上的压力影响我们的正常生活。

❖ 追求淡泊名利的境界

人生在世，主观上追求什么，就能从根本上决定一生的命运。追求功名利禄的人，必然活得很累。自觉追求淡然恬静的人，会按照自己的原则做人做事。

个人在与社会、与群体相处的时候要和谐，尽量把小我融入大我之中，必要时甚至需要达到忘我的境界。但是，在自然之"我"与精神之"我"这对关系中，又应强调后者，即物质生活可以清贫，精神生活却应富有。

不管外界有多少有形无形的枷锁，精神意志却是自由的，"泽雉十步一啄，百步一饮，不蕲畜乎樊中，神虽王，不善也"。山鸡宁愿走十步或百步去寻到饮食，也不愿被关在笼子里做一只家鸡；帝王虽然神圣，却也没有什么好的。

淡泊名利之人不是无所事事、游手好闲者，而是精神自由的人，自由是宝贵财富。诚如卢梭所说："在所有的一切财富中，最为可贵的不是权威而是自由。真正自由的人，只想他能够得到的东西，只做他喜欢做的事情。""放弃自己的自由，就是放弃自己做人的资格，放弃人的权利，甚至放弃自己的义务。"当然，自由不是随心所欲，任何自由都是有限度的、有规则的，所谓"绝对的自由世界"纯属子虚乌有。

说到底，自由就是顺心尽兴，但能顺心尽兴不是酒色财气，吃喝嫖赌，而是有高尚的追求。要奉献，但不亏心；要顺和，但不违心，不同流合污。所谓有追求，不贪心，心性不可太盛，就是说，人生无论是宏大的还是微小的，总要或总在追求什么，完全浑浑噩噩无所求的人几乎没有。

人要生存，要生活，就要有一定的物质保证，以满足起码的生存需求。适当的物质追求也是天经地义，无可厚非的。即使功名利禄，只要是付出所得，似乎也应受之无愧。但若对于这些东西的需求变成无止境的追求，并以此作为毕生的追求，必然会贪心不足蛇吞象。

即使一次评职称、一次调级、一次提干没能满足，甚至其中有明显不公，也不可耿耿于怀，伤心劳神而穷追不放，甚至于放肆撒泼。这样既无面子，又不利于身心健康。

要奉献，但不亏心。就是说，奉献作为一种社会公德、伦理道德精神，它本身是高尚的，也是每个凡人或多或少可以做到的，所以不仅社会应提倡这种精神，作为个人道德修养，乃至于养生，都可努力去做。

与人相处得理时，别咬住不放，得饶人处且饶人，尤其那些非原则的小事不要太认真，不必闹得不欢而散。

经验告诉我们，愿望与现实常常会阴差阳错。你想当演员，各种因素却把你定在工人的位置上，成不了"明星"还得钻地沟。但只要你肯努力，抱定希望，不断充实自己，"是金子早晚会发光""天生我才必有用"。"哀莫大于心死"，只要"不死心"，精诚所至，金石为开，最起码也落个精神充实自由，在精神世界里搏击风雨、自由腾飞。

❖ 看淡名利并非不求上进

世界给予人们的种种诱惑，会使人有许多欲望和野心。这些欲望和野心往往会使人执迷不悟，心态封闭，一心只想夺取和获得，从而产生出许多牵挂、忧虑、顾忌，心中负荷很重。一些先哲为了给世人排解烦恼和痛苦，提出了各种各样的忠告，大意是讲人要获得真正的人生，就要大彻大悟，无欲望，无念头，化万念为无念，不被名利牵着鼻子走，这样才能放松自己的身心，永远快乐。

可是这种高层次的境界，不但没有被人接受，反而被说成是心灰意冷，不求上进。有的人还就这个问题大发感慨："什么无欲无求，全是那些文人吃饱了饭没事干，撑得慌；什么欲望和念头都不要了，那么人到世上来干什么？饭也不要吃了，觉也别睡了，学习、工作和结婚生子都没有必要了，还不如死了算了！"有这种感慨的人实际上并没有真正领悟到先哲们的精髓。

法国作家大仲马有一句名言："人的脑袋是一座最坏的监狱。"落后的传统的思想观念、生活方式和旧的思维方式，一旦在一个人的头脑里形成，就很难摆脱，进而会形成思维障碍。

应该说名利并不完全是坏东西，那也是人们的正常欲望，每个人都想生活得更舒适、更轻松，对名利的追求是可以理解的，完全用不着遮遮掩掩。

这种正常的欲望引导得好，个人的自制力和秉性较高，还能激发人们的创造热情，激励人们奋发向上，积极做出贡献，从而推动整个社会的进步。假如一个人对一切都满足了，对任何新鲜美好的事物都无动于衷，什么事也激发不起他的热情，更不用提为之行动了。

如果人人都处于一种无欲无求的境地，一天到晚什么事也不做，那么社会就会停滞不前，陷入瘫痪的状态。但一个人名利思想过重，利欲熏心，为了名利不择手段，甚至损害他人的利益，名利就会反过来束缚他，使之动弹不得，心境浮躁，最终成了名利的囚徒。

我们所提倡的看淡名利，并不是鼓励大家无所事事、不求上进，而是强调在做人时的一种心态。具体到做事来说，无论是从政、经商，还是做学问、搞艺术，都要把眼前的每一件事情做好，做得漂漂亮亮，有益于自己，有益于人民，有益于社会。把眼光放到整个社会利益的角度上，从狭隘的自我享受中解脱出来。

第七章

CHAPTER 07

宽以待人的习惯

人们往往把大海比作宽广的胸怀，因为大海能广纳百川，也不拒暴雨和巨浪；也有人把忍耐性比作弹簧，弹簧具有能伸能屈的韧性。有人说过这样一句话："若想在困难时得到援助，就应在平时宽以待人。"

就是说，应包容、接纳、团结更多的人，在顺利的时候共同奋斗，在困难的时候患难与共，进而为自己增加成功的能量，创造更多的成功机会。反之，如果一个人的包容度低，则会使大家疏远他，在其成功的道路上，人为地增加了阻力。

宽以待人，要将心比心，推己及人。推己及人，是以自己为标尺，衡量自己的行为举止能否为人所接受，其依据是人同此心，心同此理，将心比心，设身处地。我们还可以用角色互换的方法。假设自己站在对方的位置上，想一想对方会有什么反应、感觉，从而理解他人，体谅他人，懂得了这一点，当别人理短时就会大度地宽容他人，他人才会在自己理短时忍让你，以此建立相互宽容的人际关系网。

经历一次宽容，你就会打开一扇爱的大门。

❖ 宽容会赢得敬重

人与人的交往是很普通的事，因为交往能增进双方的友谊，能促进自己事业的成功，所以人们总是把交往作为人生的一件大事。但有些人总是因不懂得宽容谦让最终事与愿违，徒增苦恼。

事后想想，其实大可不必，只要用平和的心态，多一些宽容、谦让和理解，许多事情是完全可以做得更好的。

著名的石油大王洛克菲勒先生晚年就是一个宽容的人，不论做什么事他都会用平和的心态去理解别人。他说："不论你是平民百姓，还是达官贵人，都应懂得理解和宽容别人的过失。用一个平常人的心态同别人交往，这将会对你的一生很重要，它不仅可以使你每天都有一个好的心情，而且还会用对人怨恨的时间去干一些有意义的事。"

要知道，年轻时的洛克菲勒就曾因脾气火暴得罪了许多人，后来因为身体等多方面的原因使他幡然悔悟，从此便成了一个懂得容忍谦让的人。

洛克菲勒有一个习惯，每月的最后三天，他都要徒步旅行。有一次，他完成了三天的徒步旅行准备乘火车返回总部。他来到加州地区的一个又脏又乱的小车站，在靠门的座位上等车，由于长途跋涉，他显得很疲惫，身上挂满尘土，鞋子上沾满了污泥，显得老了许多。

列车进站，开始检票了，洛克菲勒不紧不慢地站起来，还伸了个懒腰，准备往检票口走。忽然，候车室外走来一个胖太太，她提着一只很重的箱子，显得有点力不从心。显然，她也要赶这班车，可箱子太重了，累得她呼呼直喘。她左顾右盼，好像是在找人帮她一把，胖太太一眼便看见了洛克菲勒。于是，她冲他大喊道："喂，老头，你帮我提一下箱子，我给你小费。"洛克菲勒想都没想，拎着箱子就和胖太太一起朝检票口走去。

他们刚刚检完票上车，火车就开动了。胖太太擦了一把汗，庆幸地说："还真是多亏了你，不然我非误车不可。"说着，她掏出一美元递给洛克菲勒。

洛克菲勒微笑着接过钱，询问胖太太要到哪里，胖太太说刚从加州看望儿子回来，边说边准备把箱子塞到座位底下，以免妨碍过往的乘客。这时，列车长走过来说："洛克菲勒先生，您好，欢迎您乘坐本次列车，请问我能为您做点什么吗？"

"谢谢，不用了，我只是刚刚做了一个为期三天的徒步旅行，现在要返回纽约总部。"洛克菲勒微笑着谢绝了列车长的关照。

"什么？洛克菲勒？"胖太太惊叫起来，"上帝，我竟然让著名的石油大王洛克菲勒先生来为我提箱子，居然还给了他一美元小费，我这是在干什么啊？"她忙向洛克菲勒道歉，并诚惶诚恐地请洛克菲勒把一美元小费退给她。

"太太，不必道歉，你根本没有做错什么。"洛克菲勒微笑着说，"这一美元是我挣得的，所以我收下了。"说着，洛克菲勒把一美元郑重地放进了口袋。

真正的大人物，就是懂得如何去宽容和理解平常人，也从来都是用平和的心态同平常人站在一起的。洛克菲勒也是这种人，他们以宽容和理解赢得了别人对他们的尊重。

那么，我们应该如何去理解和宽容别人呢？

其实，宽容和理解不仅是一个人有修养的表现，也是增进你与人友谊的桥梁，如果用平和的心态去宽容和理解别人，别人也会由于你的宽容而感激不尽的，从而也会宽容和理解你，这样，很多事情都可以简单而快捷地解决。

比如，在生活中常常有一些说话没把握、办事没分寸的人，如果把这些人看成是讨厌的人、最不愿接近的人，那么你就会减少好多朋友；如果用宽容的态度去对待他们，那么也许你就会多一个朋友。

所以说，宽容和理解是人际交往中不可缺少的东西，尽管每个人都不是十全十美的，或多或少都会犯一些错，但我们还是要尽早学会宽容别人。因为宽容别人其实就是为自己的魅力增添光彩。

❖ 己所不欲，勿施于人

有一天，子贡问孔子："有没有一个字可以作为终生奉行不渝的法则呢？"孔子回答："其恕乎！己所不欲，勿施于人。"这里的恕是凡事替别人着想的意思。其意是，自己不喜欢做的事，不要加在别人身上。这句话可视作做人的基本修养。

战国时，梁国与楚国在边境上各设界亭，亭卒们也都在各自的地界里种了西瓜。梁亭的亭卒勤劳，瓜秧长势极好，而楚亭的亭卒懒惰，瓜秧又瘦又弱，与对面瓜田的长势简直不能相比。楚亭的人觉得失了面子，有一天夜里偷跑过去把梁亭的瓜秧全给扯断了。梁亭的人第二天发现后,气愤难平,报告给边县的县令宋就,说我们也过去把他们的瓜秧扯断好了!

宋就说,这样做当然是很卑鄙的。别人不对,我们再跟着学,那就太狭隘了。你们听我的话,从今天起,每天晚上去给他们的瓜秧浇水,让他们的瓜秧长得好,而且,你们这样做,一定不可以让他们知道。梁亭的人听了宋就的话觉得有道理,于是就照办了。楚亭的人发现自己的瓜秧长势一天比一天好,而且是梁亭的人在黑夜里悄悄地为他们浇水的,便将此事报告给楚国边县的县令。

县令听后感到既惭愧又敬佩,于是把这件事报告给了楚王。楚王听说后,也感慨于梁国人修睦边邻的诚心,特备重礼送梁王,既以示自责,亦以示酬谢,结果这一对敌对国成了友好的邻邦。

从这个故事可以看出,"恕"的核心是用以己度人、推己及人的方式处理问题。这样可以造成一种重大局、尚信义、不计前嫌、不报私仇的氛围,以及双方宽广而又仁爱的胸怀。降至日常生活的处理,又何尝不是这样?因为在各人的眼中,自己的位置是各不相同的,并没有统一的标准可以提供给你。

所以,不妨就按照"己所不欲,勿施于人"的原则,反求诸己,推己及人,则往往会有皆大欢喜的结果。反求诸己,易入情,由情入理,自然会生羞恶之心而知义,辞让之心而知礼,是非之心而知耻。自私自利之人,往往不懂得推己及人的道理,往往毫无顾忌地损害他人的利益,把苦恼转嫁到旁人身上。以这种方式做人,无论走到哪里,都会被人骂到哪里,真正是既损人又损己。

❖ 裁判他人之前先检点自己

对于某些人来说，裁判别人比吃家常便饭容易，反省自己却比登天还难。所以，人们总是容易陷入别人的流言蜚语与指责评判之中。

"严以责人，宽以待己"是人性的通病，我们在批评别人之时往往只看见别人的过失，却看不见自己犯的错误。

有四个和尚为了修行，参加禅宗的"不说话修炼"。

四个人当中，有三个道行较高，只有一个道行较浅。由于该修炼必须点灯，所以点灯的工作就由道行最浅的和尚负责。

"不说话修炼"开始后，四个和尚就盘腿打坐，围着那盏灯进行修炼。好几个小时，四个人都默不作声。因为这是"不说话修炼"，无人出声说话，这是很正常的现象。

油灯中的油愈燃愈少，眼看就要枯竭了，负责管灯的那个和尚见状大为着急。此时，突然吹来一阵风，灯火被风吹得左摇右晃，眼看就要被熄灭了。

管灯和尚实在忍不住了，他大叫说："糟糕！灯快熄灭了。"

其他三个和尚原来都在闭目打坐，一听到管灯和尚的喊叫声，纷纷睁开了眼睛。其中，有个和尚立刻斥责他说："你叫什么！我们在做'不说话修炼'，你怎么能开口说话。"第三个和尚闻声大怒，他骂第二个和尚说："你不也说话了吗？太不像样了。"过了一会儿，第四个道行最高的和尚还得意地看着另外三个和尚说："只有我没说话。"

四个参加"不说话修炼"的和尚，为了一盏灯，先后都开口说话了。最好笑的是，后面三个和尚在指责别人"说话"之时，都不知道自己也犯下了"说话"的错误。

有一个学生问老师："您在我的作文簿上所批的字，学生愚昧，实在看不出是什么？请老师明示。"

老师说："我只是告诉你，你的字写得太潦草了，以后要写清楚一点。"

老师只看见学生的"潦草"，没想到自己也犯了"潦草"的毛病。

严以律己，宽以待人，这才是做人的正道。在律己方面应该时刻以严格的态度自我检点。太过于放纵自己不仅没有好处，反而会阻碍自己身心的发展。俗话说："见人之过易，见己之过难。"责备别人不可太刻薄，但是反求诸己则必须严格要求，如此一来，自己的德性也就随之进步了。

裁判他人之前，请先检点自己。所谓"推己及人"，就是这个道理。明白了这个道理，对于培养自己的宽容之心大有裨益。

❖ 不要得理不饶人

人们在一个单位或集体中工作、学习，难免会产生一些意见或矛盾。但是，如果经常为一些鸡毛蒜皮的小事争得面红耳赤，谁都不肯落入下风，以致大打出手，事后静下心来想想，当时若能忍让三分，自会风平浪静，大事化小、小事化了，最终言归于好。事实上，越是有理的人，如果表现得越谦让，越能显示出他胸襟坦荡，富有修养，反而更能得到他人的钦佩。

汉朝时有一位叫刘宽的人，为人宽厚仁慈。他在南阳当太守时，小吏、老百姓做了错事，为了以示惩戒，他只是让差役用蒲草鞭责打，使之不再重犯，此举深得民心。刘宽的夫人为了试探他是否像人们所说的那样仁厚，便让婢女在他和属下集体办公的时候捧出肉汤，故作不小心把肉汤洒在他的官服上。

要是一般人，必定会把婢女责打一顿，至少也要怒斥一番。但是刘宽不仅没发脾气，反而问婢女："肉羹有没有烫着你的手？"足见刘宽的肚量确实超出一般人。

还有一次，有人曾经错认了刘宽家驾车的牛，硬说牛是他的。刘宽什么也没说，叫车夫把牛解下给那个人，自己则步行回家。后来，那个人找到了自己的牛，便把牛送还给了刘宽，并向他赔礼道歉。刘宽反而安慰了那个人。

这就是有理让三分的做法，刘宽的肚量可谓不小。他感化了人心，也赢得了人心。

人人都有自尊心和好胜心，在生活中，对一些非原则性的问题，我们为什么不能主动显示出自己的容人雅量呢？

然而，现实却是大部分人一旦陷身于争斗的漩涡，便不由自主地焦躁起来，有时为了自己的利益，甚至为了面子，也要强词夺理，一争高下。一旦自己得了"理"，便决不饶人，非逼得对方认错不可。然而，这次"得理不饶人"虽然让你吹着胜利的号角，但也成了下次争斗的前奏。因为这对战败方而言也是一种面子和利益之争，他当然要伺机"讨"还。

这时，我们为什么就不能像刘宽那样，即使自己有理，也应让别人三分呢？其实，有些时候给他人让出了台阶，也是为自己留下了一条后路。

在与他人交往中常常会因为对信息的意义理解不一，个性、脾气、爱好、要求的不统一，价值观念的差异就会产生矛盾或冲突，此时我们应记住一位哲人的话："航行中有一条公认的规则，操纵灵敏的船应该给不太灵敏的船让路。我认为，这也是人与人的关系中应遵循的一条规律。"

因此，做一个能理解、容纳他人的优点和缺点的人，才会受到他人的欢迎。相反，那些只知道对别人吹毛求疵，又没完没了地批评说教的人，怎么会拥有亲密的朋友呢？

❖ 让人三尺又何妨

清代康熙年间，籍贯安徽安庆的当朝宰相张英的老家与一个姓叶的侍郎毗邻而居。某年，张家扩大府第，与邻居叶家为了三尺的地基发生了争执，一起到安庆找知县裁判。张家为了争得这三尺地，暗地修书一封给京城的张英，希望他能给地方知县打个招呼。

张英接到信后便回信一封，内附诗一首："千里家书只为墙，让他三尺又何妨？万里长城今犹在，不见当年秦始皇。"张家接到回信，当即决定退后三尺筑墙。而叶家见到张家的举动后，也将自家院墙退后三尺重新筑造,以表敬意。这样,两家原本紧挨的墙,变成了一条六尺宽的巷道。这个巷子,名为"三尺巷",至今为人所津津乐道。

是啊,万里长城是何等雄伟,但秦始皇又在哪里呢?人争来争去,到底争到了什么?退一步海阔天空,做人要有主动"让人"的精神。人们常说这样一句话:"谁若想在困厄时得到援助,就应在平时礼让他人。"也就是说,相容接纳、团结更多的人,在平常的时候共奋斗,在困难的时候共患难,进而能增加成功的力量,创造更多成功的机会。反之,相容度低,则会使人疏远,减少合作力量,人为地增加阻力。

主动让人,要求人首先要学会宽以待人。宽以待人,就要将心比心,推己及人。孔子早就告诫人们:"己欲立而立人,己欲达而达人;己所不欲,勿施于人。"意思是自己不愿做,不能接受的事情一定不能推给他人,而要将心比心。在人际交往中,记住"己所不欲,勿施于人"的教诲是大有裨益的,它可以避免提出人们难以接受的要求,避免由此而来的难堪局面,建立和维持良好的人际关系。

推己及人,也就是以自己为标尺,衡量自己的举止能否为他人所接受,其依据是人同此心,心同此理。将心比心,还可以采用角色互换的方法,假设自己站在对方的位置上,就能够设身处地地体会到对方的感受,从而达到谅解别人的目的。

做一个肯理解、容纳他人的优点和缺点的人,才会受到他人的欢迎。而对人吹毛求疵,又批评又说教没完没了的人,是不会有自己亲密的朋友的,人家对他只有敬而远之。

在人生的旅途中,如果能够主动让人,那么将会省去很多麻烦,也会减少我们的烦恼。礼让他人的习惯与作风，不仅会增加我们的人格魅力，也给我们带来意想不到的收获。

❖ 不必争一时之得失

　　有了分歧，不知该怎么办？很多人就喜欢争吵，非得论个是非曲直不可。其实这种做法很不明智，吵架既伤和气又伤感情，不值。不如大事化小，小事化了。俗话说，家和万事兴。推而广之，人和也可万事兴。人际交往中切不可太认死理，装装糊涂于己于人都有利。

　　《老子》曾提出了"报怨以德"的思想，孔子也曾提出过类似的话来教育弟子，其含义均是叫人处事时要心胸豁达，以君子般的坦然姿态应付一切。

　　《庄子》中对如何不与别人发生冲突也做过阐述。有一次，有一个人去拜访老子。到了老子家中，看到室内凌乱不堪，感到吃惊不已，于是，他大声咒骂了一通后便扬长而去了。翌日，他折返回来向老子道歉。

　　老子淡然地说："你好像很在意智者的概念，其实对我来讲，这是毫无意义的。所以，如果昨天你说我是马的话，我也会承认的。因为别人既然这么认为，一定有他的根据。假如我顶撞回去，他一定会骂得更厉害。这就是我从来不去反驳别人的缘故。"

　　从这则故事中可以得到如下启示：在现实生活中，当双方发生矛盾或冲突时，对于别人的批评，除了虚心接受之外，还要养成毫不在意的功夫。人与人之间发生矛盾的时候太多了,因此,一定要心胸豁达,有涵养,不要为了一点小事去得罪别人。

而且生活中常有一些人喜欢论人短长,在背后说三道四,如果听到有人这样谈论自己,完全不必理睬他们。只要自己能自在地按照自己的方式生活,又何必在意别人说些什么呢?

从前,有一对圣人兄弟名叫伯夷、叔齐,二人互相推让王位退隐到山林里,最后饿死了。还有一位商朝的宰相伊尹,也很有名。孟子把孔子、伯夷和伊尹三人的人生观加以比较后说:"不同道。非莫君不事,非其民不使;治则进,乱则退,伯夷也。何使非君?何使非民?治亦进,乱亦进,伊尹也。可以仕则仕,可以止则止,可以速则速,孔子也。皆古圣人也。吾未能有行焉。及所愿,则学孔子也。"

孔子、伯夷、伊尹三人,各有不同的人生观,但都能坚守仁、义,所以孟子认为他们都是圣人。换言之,只要能够忠实地坚守原则,那么采取什么手段、方法都无关紧要。

这种处世态度对人们很有借鉴意义。人们往往因为别人的生活方式以及应对态度与己不同而排斥对方,认为唯有自己才是正确的。其实,这种想法是很幼稚的,只要能够遵守做人的原则,那么采取什么生活方式其实都无所谓。我们不可能要求别人的各个方面都和自己一样,或是事事如己所愿,这是极其不现实的。

❖ 如何做到礼让三分

礼让是什么？礼让就是按传统的文明礼数来谦让。70岁的老太太给20岁的小伙子让座，这种让不是礼让；只有20岁的小伙子给70岁的老太太让座，这才是礼让。

不会礼让的人不懂礼的重要，更不懂礼让的深奥，他们也许会自感是强者，要将礼貌这个裁判一脚踢开。那么，好吧！一个更强者上场了，不懂礼让者等待的只能是头破血流！

其实，讲究礼让，亦并非我国的"特产"。凡社会的文明发展到了一定的程度，它就必然会出现。从某种意义上说，礼让是一个国家或社会文明程度的标志。

然而，在现实生活中，礼让却成了一个不大不小的问题，生活中也有许多人不懂礼让，不会礼让。

譬如，因为不会礼让，每当人们的利益重新调整或分配时，一个个都争得脸红脖子粗，不仅要将属于自己的一块蛋糕尽快切到自己的盘子中来，还想将他人的蛋糕切到自己的盘中，合法的手段用之，甚至连违法的手段也会用之。

于是，公开大吵大闹的有之，背后暗算他人、下绊子的有之，为了个人的利益，人性都变得赤裸裸的，矛盾和冲突也因此扩大、激化。对这些人来说，什么礼不礼的，更无所谓这个让字，只要个人利益能到手，什么都不顾忌，文明礼貌早已被这些人抛诸脑后了。

因为不会礼让，人们也就不会讲文明、讲公德。譬如，在公共汽车上，"老弱病残专座"这几个大字写得又大又黑，然而现实是尽管七八十岁的老人在一旁站着，一些年轻人仍然佯装不见地坐在那里，有的假装睡觉，有的一副爱莫能助的样子。

我们国家的人口众多，但经济发展却并不平衡，因而处处显得拥挤、嘈杂，在这时，如果人们都能忍让一点，礼貌一点，相互关照一点，人们精神上的紧张程度则是可以减轻的。

但是，有的人偏不这样。在拥挤的公共汽车上，稍被他人碰了一下，他就跳起来，争个脸红脖子粗，甚至还拳脚相加……彼此之间似乎有什么深仇大恨，此时的人们也就谈不上什么礼让不礼让了。

由于不会礼让，现在只要人们心中有气，有不满，有牢骚，有不平，有烦恼……都要找一切可能、寻一切机会将它宣泄出来，而不去管它是用什么方式。更有意思的是，有不少人还相信这样的歪理："人善被人欺，马善被人骑。"

于是，一些人不仅把工作岗位当成了自己的出气筒、宣泄口，而且一个个都表现得蛮横无礼，还动不动挖苦讽刺一下他人，好像人家欠了你多年的债不还似的。

由于不会礼让，不少人开始不愿意做一个正直、高雅、有修养的人。

一般来说，以下这些人是决不会礼让的。

私心太强的人是不会礼让的。这些人一天到晚考虑的都是自己的利益，怎能对他人礼让？

愚昧无知的人是不会礼让的。这类人不懂规矩，自然也就不懂方圆，也就不会有什么修养了。

缺乏同情心的人是不会礼让的。这类人对什么都很冷淡，要让他们待人热情，比登天还难。

骄傲狂妄者是不会礼让的。这类人狂妄自大，目空一切，怎么能以礼待人呢？

好报复者是不会礼让的。这类人心胸狭窄，吃了一点亏就想报复，根本不可能以德报怨。

总之，这些人的文明修养极差，是决不会礼让的。

礼让说起来容易，做起来却有一定的难度。那么，应该怎样做到礼让呢？有以下几条可供大家参考：

一是要求每个人从一点一滴的事情做起，不要空谈；

二是要求人们在个人的利益上要强调谦让，不要斤斤计较；

三是要注意个人的文明和修养；

四是要用制度来保证礼让的实施；

五是要形成一种社会氛围，使人感到不这样做就有一种压力，不礼让就不行。

最后，一定要记住：礼让要注意从小培养，从小事中逐渐养成。

❖ 把吃亏当成你的福气

在中国传统思想中有"吃亏是福"一说，这是哲人们所总结出来的一种人生观。

"吃亏是福"的"吃亏"往往是指物质上的损失，但是一个人幸福与否却取决于他的心境如何。如果我们用外在的东西换来心灵上的平和，那无疑是获得了人生的幸福，这便是值得的。

若一个人处处不肯吃亏，处处都想占便宜，便会骄心日盛。而一个人一旦有了骄狂的态势，难免会侵害别人的利益，于是便起纷争，在四面楚歌之下，又焉有不败之理？

因此，人最难做到的就是在"吃亏是福"的前提下认识到两点：一个是"知足"，另一个就是"安分"。"知足"则会对一切都感到满意，对所得到的一切，内心充满感激之情；"安分"则使人从来不奢望那些根本就不可能得到的或根本就不存在的东西。没有妄想，也就不会有邪念。

所以，表面上看来，"吃亏是福"以及"知足""安分"会让人有不思进取之嫌，但是，这些思想也是在教导人们能成为一个对自己有清醒认识的人，做一个清醒的正常人。因为一个非常明白的常识，即不需要任何理论就可以证明的是，一切的祸患不都是由于人们的"不知足"与"不安分"，或者说是不肯吃亏而引起的吗？

"吃亏"有两种，一种是主动吃亏，另一种是被动吃亏。

"主动吃亏"指的是主动去争取"吃亏"的机会。这种机会是指没有人愿意做的事、困难的事、报酬少的事。这种事因为无物质便宜可占，因此大部分的人不是拒绝就是不情愿。如果你主动争取，老板当然会对你感激有加，一份情感必会记在心上，日后无论你是升迁或是自行创业，他都是可能帮助你的人，这也是对人际关系的帮助。

最重要的是，你什么事都做，正可以磨炼你的做事能力和耐力，不但懂得比别人多，也进步得比别人快，这是你的无形资产，绝不是用钱就能买得到的。

"被动吃亏"是指在未被告知的情形下，突然被分派了一个你并不十分愿意做的工作或是工作量突然增加。碰到这种情形，除非健康因素或家庭因素，否则就应接下来。

也许你不太情愿，但事情已成定局，也只好用"吃亏就是占便宜"来进行自我宽慰，要不然怎么办呢？至于究竟有没有"便宜"可占，那是很难说的。因为有些"亏"有可能是对你的试炼，考验你的心志和能力，或许是为了重用你。姑且不论是否"重用"你，在"吃亏"的状态下，磨炼出了你的耐性，这对你日后做事绝对是有帮助的。

我的一个朋友托我给他儿子介绍一个工作，这个孩子是计算机专业的大学毕业生。于是，我便把他推荐给了一个图书发行公司的老板。老板先请他吃了饭，然后安排他到书库实习。结果，这个孩子却不辞而别了。

老板后来对我说："现在的年轻人真怪！不熟悉整个公司工作流程，怎么谈得上管理，又怎么会用计算机管理呢？"老板还说："我是把他当作人才来培养的，谁知他竟然这么不懂事。我从来不请员工吃饭，他是第一个。"

所以，做人做事别害怕吃亏，因为吃亏是福。

第八章
CHAPTER 08

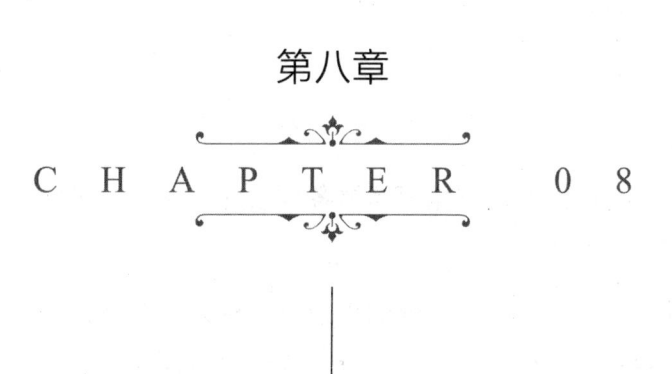

勇于负责的习惯

学会自我管理

人活在世上，不免要承担各种家庭、亲戚、朋友、国家、社会责任。

"责任就是对自己要去做的事情有一种爱。"因为这种爱，所以责任本身就成了生命意义的一种体现，就能从中获得心灵的满足。

一个在人生中随波逐流的人怎么会坚定地担负起生活中的责任？这样的人往往会把责任看作是强加给他的负担，看作是个人纯粹的付出而索求回报。

如果一个社会是由这些对自己的人生负责的成员组成的，这个社会就必定是高质量的、有效率的，当然，也会是和谐的。

❖ 负责任的人信誉高

当年松下幸之助之所以和山本武信合作开发车灯市场，是因为看中了山本勇于负责的品格。

那是在第一次世界大战中，山本还年轻，几笔生意做下来非常成功。但战争结束时，受到战后经济不景气的影响，加之由于他缺少经验，没有及时"停船"或是"避一避风"，开了一阵子顶风船，最终赔得一塌糊涂。摊子铺得越大，雇员越多，亏损就越大。当时的他向银行借了许多款，最终只能做破产清理。

按一般商人的心理，总要想尽方法保留和转移一些财产，秘而不宣以求东山再起。山本武信何尝不想东山再起？但他所采取的方法和诚实不欺的态度却与常人不同。他把所有的财产造册提供给债权人和银行，属于自己的物品，包括金怀表都拿了出来。这样做他还觉得不够，又把太太的私人物品，甚至陪嫁，包括钻戒、金戒指等首饰全部交出。

对此，银行经理非常感动，说："山本先生，这一次的损失固然是你的责任，但战后的不景气，不是以你个人的能力所能解决的。你要负责的诚意我十分了解，可你也不用做到这种程度。店里的财产，当然要请你全部拿出，至于你身上常用的物品就不必拿出来了，尤其是你太太的……请带回吧！"

山本武信并非哗众取宠之辈，而是出于负责任的考虑，而这种光明磊落的态度竟成为他日后成功的一个重要原因。在经历了不景气之后，日本的经济开始爬升。山本武信又向银行申请贷款，银行认为此人信誉极佳，如同以往一样给予了支持。他凭借这笔贷款和过去吸取的经验，终于重整旗鼓，发展了他的化妆品制造业和批发业务。

山本武信把自己的故事一五一十地讲给松下幸之助听，得到了松下幸之助的极大信任，也使松下幸之助下定决心将车灯的总代理权交给他。

有一个小孩，他父亲生前是个生意人。然而，父亲不幸在创业不久就因意外去世了，给孩子留下了一大笔债务。父亲去世的时候，小孩只有12岁。按法律规定，小孩完全可以不承担这笔债务，正当父亲的债权人后悔不迭时，小孩却一一上门拜访，许诺给他20年时间，他会全部还清父亲的债务。

20年！一生中有几个20年，小孩却要花去它去还一笔原本不应自己承担的债务，这需要多大勇气呀！债权人没有几个人对此抱有希望，但事已至此并无其他办法。于是，小孩开始了他的还债生涯。

在他27岁那年，他还清了所有债款，提前了5年！小孩缩短了还债时间，原因很简单，一是自己许下的诺言成了一股强大的动力，促使他不断朝着目标奋斗；二是随着自己不断兑现自己的诺言，债权人对他产生了极大的信任（如果小孩不兑现诺言的话，他一辈子也许得不到这笔财富），比以前更加愿意与他合作了。

与他合作的人越来越多，他的生意也越做越大，钱也越赚越多。小孩自己也许没意识到，他勇于负责的行动让他获益终身。

❖ 认真做好每一件事

做事是否认真，体现着一个人的生活态度、敬业精神。只有那些有着严谨的生活态度和满腔热忱的人才会认真对待每一件事，不做则已，要做就一定要尽心尽力做好。这样的人也往往会得到别人的信任，为自己打开成功之门。

人类的历史，充满了由于疏忽、畏难、敷衍、轻率而造成的可怕的惨剧。如果每个人都能凭着良心做事，不怕困难，不半途而废，那

第八章　勇于负责的习惯

么不但可以减少不少的惨祸，而且可使每个人都具有高尚的人格。

养成了敷衍了事的恶习后，做起事来往往就会不认真。这样，别人必定会轻视这个人的工作，从而轻视他的人品。要实现成功的唯一方法，就是在做事的时候要抱着认真的态度。无论做什么事，如果只是以做到"尚佳"为满意，那决不会成功。

有人曾经说过："轻率和疏忽所造成的祸患不相上下。"许多人之所以失败，就是败在做事轻率这一点上。这些人对于自己所做的工作从来不会做到尽善尽美。要知道职位的晋升是建立在踏实履行日常工作职责的基础上的，只有做好平时的工作，才能使你渐渐获得价值的提升。

美国成功学家马尔登说过，马马虎虎、敷衍了事的毛病可以使一个百万富翁快速倾家荡产。相反，每一个成功人士都是认认真真、兢兢业业的。

旧金山一位商人给一个萨克拉门托的商人发电报报价："10 000蒲式耳大麦，单价1美元。价格高不高？买不买？"萨克拉门托的那个商人原意是要说："不，太高。"可是电报里却漏了一个逗号，就成了"不太高"。结果，这一下就使他损失了1 000美元。

许多人做了一些粗劣的工作，借口是时间不够。其实按照各人日常的生活，都有着充分的时间，都可以做出最好的工作。如果养成了做事务求完美、善始善终的习惯，人的一辈子必定会感到无穷的满足。而这一点正是成功者和失败者的分水岭。成功者无论做什么，都力求达到最佳境地，丝毫不会放松；成功者无论从事什么职业，都不会轻率疏忽。

认真的精神，其实是对自己、对他人、对家庭和社会的高度责任感。做事认真与耐心关系密切。许多人做事只图快，只图省力气，怕麻烦，于是偷工减料，这样做出的"成果"必然是经不起检验的。

现在市场上许多劣质产品使消费者吃尽苦头，其中的原因之一就在于某些制作者不愿意耐心地按工艺要求做，结果产品质量不能保证，如一堆废品。商品社会让我们越来越缺乏耐性了，金钱正在大口大口地吞噬着我们的耐性，把我们搞得无比浮躁，而这种"浮躁""缺乏耐性"，正是为人做事不再认真的突出表现。

能否认真做事，不但是行为习惯的问题，更反映着一个人的品行。很难想象一个整天只图自己安逸和舒服，只想着走捷径取巧发财的人，会不辞劳苦地、耐心地、认认真真地去做好该做的事。认真做事的前提是认真做人。

世界上的任何事怕就怕"认真"二字。做事细心、严谨、有责任心、追求完美和精确，是认真的体现；做人坚持正道，不随波逐流，不为蝇头小利所惑，"言必信，行必果"，也是认真的体现；生活中重秩序，讲文明，遵纪守法，甚至起居有节、衣着整洁、举止得体，更是认真的体现。

认真就是不放松对自己的要求，就是严格按规则办事、做人，就是在别人苟且随便时仍然坚持操守，就是高度的责任感和敬业精神，就是一丝不苟的做人态度。

认真做事，认真做人，这在今天这个浮躁的时代尤为重要。

❖ 莫把责任往外推

一位大学心理学教授说："一个人发展成熟的最明显的标志之一，是他乐于承担起由于自己的错误而造成的责任。有勇气和智慧承认自己的错误是不简单的，尤其是在他们很固执和愚蠢的时候。我每天都会做错事，我想我一生都会是这样。

"然而，我力图在一天里不把同一件事情做错两次，但要想在大部分时间里都避免这种错误，那就不是一件容易的事了。可是，当我看见一支铅笔的时候，我就会得到一些宽慰。我想，当人们不犯错误的时候，人们也就用不着制造带有橡皮头的铅笔了。"

"不要问你的国家为你做了什么，而要问一问你为国家做了什么。"这是约翰·肯尼迪当年竞选总统的演说词。

事实上，不仅是年轻人，包括许多中老年人仍有一种幼稚的心态，总是不停地发牢骚，却很少反问自己，不从自己身上找问题。

比如，大多数人对于自己的财务状况总是漫不经心。因为他们没有学习的渠道。在财务方面，父母亲不一个好模范，学校里老师也没有教他们"如何创造财富"的课程，而社会只会刺激他们多多消费。于是，超前消费的现象到处都是。

你周围的一部分人也算不上是好榜样，抱怨没有钱好像变成了一种流行的趋势，每个人都爱说："钱所剩无几，但日子还长得很"。因此，对许多人来说，"金钱"是一个无聊且令人头痛的话题，还说

"有钱的人不谈钱""金钱不是万能的"。如果你对金钱漫不经心，等到身陷财务窘境时，钱就会变得很重要。也就是说，你必须避免让金钱在生活中扮演一个过高的地位，所以你必须负起责任。

如果你认为金钱可以解决所有的问题，那你就太单纯了。但如果你认为利用金钱，交不到有趣的朋友、无法到处旅游、不能进行其他工作，那么你的天真也不亚于前者。

我们可以利用财富做什么，答案在未来自然会揭晓。我们能为财富做什么，也会在未来一一显现。我们应该像设计师一样，设计我们的未来，现在就先拟出一个梦想生活的模型。这一点古巴比伦人最在行。他们的先知曾说："我们的智慧随着生活出现，取悦我们，帮助我们。然而，同样的，我们的无知也随着生活出现，让我们痛苦，让我们受难。"

你将会看到，财富，不论是有形的还是无形的，实在比大多数人想象中的要美好，累积财富也比大多数人想象得简单，但你必须担负起责任，并为之不懈努力。当你拒绝负责任时，贫穷便会不请自来。

想要致富，你必须做些最基本的功课。万事从"头"开始，未来几年你能拥有多少财富，包括精神上的财富，是你自己必须负责的，而不是别人。

有些事情是你影响不了的，却可以决定对这些事情的看法和反应，如此一来，你还是拥有了力量。"责任"意味着没有任何事物可以改变你的想法和完整性，因为你是以你的身份回应所有的事物。你可以决定你的生活方式，这种想法让你生活满足，并成为最好的你。如果你能负起责任，未来几年，你一定能够成为一个举足轻重的人物。

把责任往别人身上推，不正是赤裸裸的劣根性吗？问题是你把责任往别人身上推的同时，等于将自己的人格推掉了。我们就是那么轻易地把责任推给别人，然后又若无其事地站在一旁抱怨都是公司的错，害我不能发挥所长，都是同事的错，或我的健康情形害我不能怎样等……请问，我们希望让公司、同事和我们的健康来操控我们吗？要记住，只有勇于承认错误的人才能拥有魅力。基于这个原因，为什么你不能扛起这个错误呢！

如果我们过去曾犯过错，现在该怎么办呢？责任的归属又如何？过去发生的事，其影响力有时会延续到今后。比如，一个男人离了婚必须支付赡养费；也有人毁了自己的健康，日后在饮食上的禁忌一大堆；有人犯了罪，最终难逃牢狱之灾……

很明显，我们决定自己的行为，也必然招来这些行为所带来的后果。跷跷板原理正说明这种连锁反应。这个认知告诉我们，我们应该以更负责的态度去生活。

那么，究竟该如何看待已经发生的事情呢？我们必须承认自己实在无法控制错误所带来的后果。但这绝对不表示我们可以把责任推给过去。我们必须对自己、对后果的看法与反应负责，认清我们对于错误招致的后果之反应其实影响深远。问题是，我们想要赢回掌控下一次事件的力量吗？还是让我们的错误和后果拥有操控下一次的力量？当我们负起责任的那一刻，我们所有的负面情绪都将消失。

❖ 责任越大，能力越大

一个有责任心的人，给人的感觉是值得信赖与尊敬的。而对于一个没有责任心的人，没有人愿意相信他、支持他，并帮助他。

威尔逊是美国历史上一位伟大的总统，在这个高高在上的位置上时，他深知自己的责任与义务，并且认为，做一些超出自己范围的事情总会得到更多的回报。他曾说："我发现，偶然的责任是与机会成正比的。"

凡有所建树者，必有一种担当大任的责任感。古今中外，莫不如此。礼崩乐坏之时，孔子四处奔走，推行他的"大道"；民族多事之秋，班超毅然投笔从戎，立下不朽功业；五胡乱华之际，祖逖闻鸡起舞，自强不息；国家危亡在即，孙中山先生义无反顾，投身革命；周恩来在少年时就立下"为中华之崛起而读书"的大志。

勇于担当大任，就是应该清楚地知道什么是自己必须做的，且不需要别人强迫、指使。

❖ 责任使人意气风发

1903年的诺贝尔文学奖得主马丁纽斯·比昂逊在从事文学创作的同时，也是一位社会学家。他说："一个人越敢于承担责任，他就越会意气风发；如果一个人有足够的胆识与能力，他就没有什么该讲而不敢讲的话，没有什么该做而不敢做的事，更没有什么心虚畏怯之处。"

托尔斯泰也曾经说过："一个人若是没有热情，他将一事无成，而热情的基点正是责任感。"

许多年以前，伦敦住着一个小男孩，自幼贫病交加，无依无靠，饱尝了人生的艰辛。为了糊口，他不得不在一家印刷厂做童工。

环境虽然艰苦，小男孩的志气却不短。他早就与书报结下了不解之缘，常常久久地伫立在书橱前，不住地摸着衣兜里仅有的几个买面包用的先令。为了买书，他不得不挨饿。一天早晨，他在书店的书橱里发现了一本打开的新书，便如饥似渴地读了起来，直到把打开的两页读完了才走。

翌日清晨，他又情不自禁地来到了这个书橱前，奇怪，那本书又往后翻开了两页！他又一口气读完了。他是多么想把它买下来呀，可是书价太高了。第三天，奇迹又出现了：书页又按顺序翻开了两页。于是，他又站在那儿读了起来。就这样，那本书每天都会往后翻开两页，他每天也都会来读，直到把整本书读完。

这一天，书店里一位慈祥的老人抚摸着他的头发说："好孩子，从今天起，你可以随时来这个书店，随意翻阅所有的书籍而不必付钱。"

日月如梭，这个少年后来成了著名的作家和英国一家晚报的主编，他的名字叫本杰明。

本杰明之所以自学成功，是因为他苦读善学，也因为他遇到了一位极富责任感的人。善良的老人倾注给他的是人间最美好的东西。他向身处困境的少年打开了向往美好生活的门，引导他步入知识的世界，老人为他后来成为对人类有所贡献、为世人所尊敬的作家而承担了责任。

对生活的热爱，对人类、对大自然、对一切美好事物的热爱，会使一个人认识到自己身负的使命以及应该去承担的责任，从而努力对社会做出贡献。

没有责任感的军官不是合格的军官，没有责任感的员工不是优秀的员工。责任感是简单而无价的。工作就意味着责任，责任意识会让我们表现得更加卓越。

美国西点军校的学员章程中规定：每个学员无论何时何地，无论穿军装与否，也无论是在担任警卫、值勤等公务时，还是在进行自己的私人活动时，都有义务、有责任履行自己的责任。在任何时候，责任感对自己、对国家、对社会都不可或缺。正是这样严格的要求，让每一个从西点军校毕业的学员都获益匪浅。

西点认为，要成为一个好军人，就必须遵守纪律，有自尊心，并为他的部队和国家感到自豪，对于他的同志们和上级有高度的责任感，对于自己表现出的能力有充分的自信。而这样的要求，对每一个企业的员工同样适用。

要将责任根植于内心,让它成为我们脑海中一种强烈的意识,在日常的生活和工作中,这种责任意识会让我们表现得更加卓越。我们经常可以见到这样的员工,他们在谈到自己的公司时,使用的代名词通常都是"他们",而不是"我们","他们业务部怎么怎么样""他们财务部怎么怎么样",这是一种缺乏责任感的典型表现,这样的员工至少没有一种"我们就是整个机构"的认同感。

责任感是简单而无价的。据说美国前总统杜鲁门的桌子上摆着一个牌子,上面写着:Book of stop here(问题到此为止)。他桌子上是否真的摆着这样一个牌子,我不能去求证,但我想告诉大家的是,这就是责任。如果在工作中,对待每一件事都是"Book of stop here",我敢说,这样的公司将让所有人为之震惊,这样的员工将赢得足够的尊敬和荣誉。

有一个男孩在公用电话亭给他的雇主布朗太太打电话:"您需不需要割草?"布朗太太回答说:"不需要了,我已有了割草工。"男孩又说:"我会帮您拔掉草丛中的杂草。"布朗太太回答:"我的割草工已经做了。"

男孩进一步说:"我会帮您把草与走道的四周割得很齐。"布朗太太说:"我请的那人也已做了。谢谢你,我不需要新的割草工人。"于是,男孩便挂断了电话。此时,男孩的朋友问他:"你不是就在布朗太太那儿割草打工吗?为什么还要打这个电话?"男孩说:"我只是想知道自己究竟做得好不好!"

多问自己"我做得如何",这就是一种责任感。

第九章
CHAPTER 09

彬彬有礼的习惯

优雅有礼的行为举止使人风度翩翩。即使是最普通的平民，只要他们的行为得体，举止规范，自然会使人肃然起敬。一个人的一举一动、一言一行都与他的风度仪表相关联，注意这些小节并使之规范化，会给生活增添无限的光彩。一般而言，良好的行为举止总使人感到愉悦畅快。

有些人认为，一个人的行为举止、外在仪表无关紧要。事实上却并非如此。在现实生活中，一个人的举止是否优雅、言行是否得体，对于一件事情的成败往往有着直接影响。毕业于牛津大学赫特福德学院的米德尔顿大主教说："高尚的品德一旦与不雅的仪表举止连在一起，也会使人生厌。"无疑，优雅的行为举止能使社会交往更加轻松愉快，从而有利于事情的成功。

❖ 礼貌是高贵的饰物

人是有感情的动物，因此，当别人尊重你，你会感到快乐；当别人轻视你，你又会觉得气恼。不管在什么时代，这都是人的通性。而促使这种关系相处圆满的最好方法,就是礼貌。它代表尊敬、尊重、亲切、体谅等意义,同时,也表现出个人的修养。

俗话说:"先学礼而后问世。"学些什么礼呢?彬彬有礼的态度又是怎样的呢?没有人生下来就懂礼,家庭、学校、社会,逐渐教导我们成为一个彬彬有礼的人。但是,一个人每做一件事,如果都有一套刻板的礼仪在缚手缚脚岂不烦琐?

事实并不尽然。因为有许多礼仪事实上是日常生活中的一部分,习惯成自然,我们早已感觉不到它的约束。另外,关于人情往来、社交活动等较特殊的礼节,只要我们基于尊重、体谅别人的心情,也都是不难做到的。

所以,礼,绝不能也绝不是只讲求形式的,要保持彬彬有礼的态度,一定要从对别人的关心出发。在现实生活中,随时随地贯彻关心朋友、关爱朋友的精神,在社交场合中自然也就能以平实有礼的态度与人交往和沟通。

学习礼节虽不是一件难事,但要做到时时保持彬彬有礼的态度,也不是一件容易的事。因为礼节并不只是"鞠躬如也"就可涵盖的,它在某种程度上反映了个人的修养道德。有人说:"要学习礼节,最好是从公共场合待人接物做起。"这话非常恰当,只要平常多留心人们交往时的各种行为,就不难学习到许多待人接物的做法。

彬彬有礼的风度,不但能成为你最高贵的"饰物",同时还能赐给你最佳的人缘,为自己做事顺风顺水打下良好的基础。

❖ 打造优雅的体态

体态无时不存在于你的举手投足之间，优雅的体态是人有教养、充满自信的完美表达。美好的体态，会使人看起来很有风度。善用形体语言与别人交流，一定会让人受益匪浅。

时装权威之一黛安娜·维瑞兰德曾说过：脖颈、脊背、手臂和腿的伸展以及轻捷的步履是与美紧密相连的。确实，每个人的体态很能说明一切。假如一个人很消沉或情绪低落，就会显得萎靡不振；假如一个人很疲惫，就会显得无精打采；假如感到不安，那么他的体态也不会舒展。

人的体态还能决定身上服装的效果。即使是最昂贵、最漂亮合身的服装，也无法掩饰一个萎靡不振的躯体带给人的不好的感受。这些对女人来说很重要，对男人而言也是如此。

1. 站姿

的确有很多人不知道该怎么站，站起来很不自然，很不漂亮。

女人的基本站立姿势应该是这样的：抬头，挺胸，收紧腹部，肩膀往后垂，前腿轻轻着地，重心全部放在后腿上，站的时候看上去有点像字母"T"，因此人们称之为"基本T"或者"模特T"。

好像有一条绳子从天花板把头部和全身连起来，感觉很高，身体都被拉起来了，这就是正确的站姿。站起来应该是舒服的，落落大方的样子。

男士的正确站姿是挺胸，抬头，收紧腹部，两腿稍微分开，脸上带有自信，要有一个挺拔的感觉。绝不可抻着头、驼着背、哈着腰、挺着肚……想一想演员们塑造的地痞、流氓等形象，那就是最好的反面例证。

2. 坐姿

我们经常会看到有些人不正确的坐法：两腿叉开，不停地抖腿，腿跷得很高。无论你穿什么衣服、裤子或裙子，男士和女士都不能这样做。

女士正确的坐姿是你的腿进入基本站立的姿态，腿后侧能够碰到椅子，轻轻坐下来。两个膝盖一定要并起来，不可以分开，腿可以放中间或放两边。如果你要跷腿，两条腿是合并的；如果你的裙子很短的话，一定要小心盖住。尤其是要经常走动的女士或者要上高台坐下来的主礼嘉宾，都不适宜穿太短的裙子，而且绝不能两腿分开坐。

男士膝部可以分开些，但不宜超过肩宽，更不能两腿叉开，半躺在椅子里。

总之，人坐在椅子上可以不时变换一些姿态。但不管如何变，都要端坐，腰挺直，头、上体与四肢协调配合。国际上流行的一个原则，那就是坐下时，只要对方看不到你的鞋底面，就基本上是坐姿正确。

3. 行姿

不正确的走姿使你看起来无精打采，没有自信心，也没有风度。女士正确的行姿是：抬头，挺胸，收紧腹部，肩膀往后垂，手要轻轻地放在两边，轻轻地摆动，步伐也要轻轻的，不能够拖泥带水。还是如前所说，想到有一条绳子从天花板垂下把头和身体连起来，把你的身体拉高了。如果你走姿是正确的话，那你的身体的线条会漂亮得多，走起来高很多，而且有自信。女士在转弯以后，两脚依然要保持"丁"字形。

男士的步伐不用这么轻，不要有"丁"字形，但抬头挺胸，有自信心的走路姿态就是好的。

4．蹲姿

女士有时不得不蹲下来捡些东西，这在生活中也是难免的，此时，不要弯腰，将臀部向后撅起，这非常不雅，也不礼貌，对腰也不好。正确的方法应该是弯下膝盖，将两个膝盖并起来，臀部向下，上身保持直线，这样的蹲姿就典雅优美多了。

男士则没有这样严格的要求。

5．优雅体态的练习

古人把优雅体态，概括为"站如松，坐如钟，行如风"。下面几个练习，就是教你如何保持你的体态优雅。

（1）"站如松"

靠墙壁站直，让脚后跟顶住墙，把手放在腰和墙之间，看看是否能放进去？空间是否太大？你的手应该刚好能放进去，没有多余的空间。如果有很大空间，你可以弯下腿，慢慢蹲下去，把手一直放在背后，蹲到一半时，你会发现你和墙之间的空间消失了。这种方法能让你体会到正确体态的感觉。

躺在平面上，也能做同样的练习。你可以把臀部往后收，但脚底要保持平放在地板上。

当开始练习时，背后会有很大的空间，但经过练习之后手就几乎插不进去了，效果很好。

（2）"坐如钟"

首先进入基本站立姿势，腿侧刚好能碰到椅子的边沿，然后把手放在大腿上，以保持平衡，弯曲双膝，后背要挺直，坐到椅子边上。不要把自己"陷"在沙发里面。

对于女士而言，如果你的脚可以够到地面，那么，你可以由保持基本站立姿势的双腿，或者变换成双腿侧放，可以向左，也可以向右，或者把一条腿放在另一条腿上。但在变换姿势时，两个膝盖一定要合拢，千万不能分开。要想站起来，只要按照相反的步骤做就行了，但一定要抬头、挺胸。

（3）"行如风"

要记住，我们不是在赛跑，而是在练习像风一样轻捷的步伐，这样走路时才可以保持优雅的体态。可以把一本书放在自己的头顶上，放稳之后再松手，接着把双手放在身体两侧，用前脚慢慢着地、小心地从基本站立姿势起步走。

尽管可能会感到这种方法有点不自然，但这确实是训练人们从一点走到另一点的最有效的方法。这样练走路，关键是走路时要摆动大腿髋关节部位，而不是膝关节，步伐才能轻捷。

总之，一旦学会了正确的体态后，还要经常练习，相信优雅的、大方的动作很快都会自然地成为你的一部分。

❖ 脸上常常带着微笑

美国希尔顿酒店总公司董事长康纳·希尔顿在五十多年的经营里，不断地到世界各国的希尔顿酒店视察。视察时，他经常问下级的一句话是"你今天对客人微笑了没有"。这个问题，在很多的企业，特别是对外服务行业的员工都应当予以重视。

微笑是与人见面的最好见面礼，可以给人以温馨、亲切的感觉，能有效地缩短双方的距离，会给对方留下美好的心理感受，从而形成融洽的交往氛围。而对不同的场合、不同的情况，如果能用微笑来接纳对方，可以反映出高超的修养。

微笑有一种魅力，它可以使强硬变得温柔，使困难变得容易。所以，微笑也是人际交往中的润滑剂，是广交朋友、化解矛盾的有效手段。

微笑要发自内心，不要假装。要笑得好很容易，想象对方是自己的朋友或兄弟姐妹，就可以自然大方、真实亲切地微笑了。

美国密苏里州的兽医史蒂芬·史包尔博士讲述了这样一段故事。有一天，他的候诊室里挤满了顾客。但即便如此，也没有人在聊天，也许每一个人都在想自己该做的事情，而不是坐在那儿闲聊浪费时间。

之后，又有一位女顾客进来了，她带着她9个月大的孩子和一只小猫坐到了一位先生旁边。然而，这位先生当时已等得不耐烦了。就在他一转头的瞬间，他发现那个孩子正抬着头看着他，并露出了灿烂的微笑，他马上也对那个孩子笑了笑。然后，他就跟这位女顾客聊起了有关孩子的事情。一会儿，整个候诊室的人都聊了起来，气氛从乏味、僵硬变得轻松愉快。

微笑比高贵的穿着更重要。笑容能照亮所有看到它的人，像穿过乌云的太阳，带给人们温暖。密西根大学的心理学家詹姆士·麦克奈尔教授谈到她对微笑的看法时说："有笑容的人在管理、教导、推销上比较有功效。经常面带微笑的父母更能培养出快乐的下一代，因为笑容比皱眉更能传达你的心意。这就是在教学上要以鼓励代替处罚的原因所在。一个大公司的人事经理说，他宁愿雇用一名有可爱笑容而没有念完中学的女孩，也不愿雇用一个摆着扑克牌面孔的哲学博士。"

这就是微笑的魅力。

如果你不喜欢微笑，怎么办呢？那就先强迫自己微笑吧！当你表现得很快乐，慢慢就会变得真的快乐起来。哈佛大学威廉·詹姆斯教授说："行动似乎是跟随在感觉后面，但实际上行动和感觉是并肩而行的。行动是在意志的直接控制下，而我们能够间接地控制不在意志直接控制下的感觉。

"因此，如果我们想要变得愉快的主动方式是，愉快地笑起来，而且言行都好像是已经愉快起来了……"

世界上的每一个人都在追求幸福。有一个可以得到幸福的可靠方法，就是通过控制自己的思想来得到。幸福并不是靠外在的情况，而是依靠内在的情况。

保持一种正确的人生观，一种勇敢的、坦诚的、愉快的态度。

思想正确，就等于是在创造，一切的事物都来自希望。我们心里想什么，就会变成什么。

笑容是善意的信使，笑容能照亮所有看到它的人。所以，为了自己，也为了他人，微笑起来吧。

❖ 穿着打扮不可忽视

曾经有人说：如果一个人是一本书，那么这个人的穿着便是书的封面。一本书若有设计良好的封面，可以吸引读者产生拿起来阅读的欲望；同理，一个穿着有魅力的人，也会吸引其他人与之交往，进而有助于个人的成功。

此外，"爱美之心，人皆有之"，美观得体的衣着，往往会给人以悦目的感受，让人产生与他继续交往的愿望。对方要了解你的"内在本质"是需要经过一定的时间的，而体现一个人的个性的衣着却让人一目了然，从而留下一个直观的印象。

恰当的着装，并不是说你一定要穿上昂贵的衣服，有时则恰恰相反，一味地追求华丽富贵，反而会给人一种庸俗的印象，关键是要整洁大方，能体现人的内在素质。现在有许多公司对所属雇员的着装都有"规定"，并不是说要穿得怎么好看或衣料质地要多好，关键是要符合一定的审美。

服饰要做到两和谐：一是服饰与人的身体、相貌、年龄、性格等因素的和谐，二是服饰与时间、气候、场合、职业等的和谐。

恰当的穿着真的能改变人，但是只有先认识自己、了解自己，才能装扮自己，通过"着装设计"达到取长补短的效果，创造出"自我"的风格。

如果你家里有一面试衣镜，请你马上走到镜子前。不要整理头发，不要换衣服，也不要任何装饰，就这样走过去！把自己当作别人，从头到脚，好好瞧瞧镜中的那个人。

还有，不要把眼睛对准某一点，不用管单一的胸围、腰围、臀围以及手或脚怎么样，只要看整体的感觉就够了，就好像别人看你那样看看自己，也许你会发现——镜中的这个人居然只有20多岁且五官端正，但衣着搭配得很糟糕。

当你发现自己的不足时，就要开始改变自己。多看看时尚杂志，留心穿搭建议，找到适合自己的风格，装扮起来吧！

❖ 保持良好的个人卫生

讲卫生是现代文明社会的一个标志，也是一个人文明优雅的必然要求。保持良好的个人卫生是一个人素质和修养的体现。那么，我们应该如何培养干净的习惯呢？

1. 个人清洁

每个人每一天都应该有良好的个人清洁习惯。

首先是牙齿。你可以在三餐饭后都刷牙，也可以一天刷两次牙，但最好能在每次吃完东西之后就漱口，然后养成习惯。

年轻人定时到牙诊所清洁牙齿是一个好习惯。这样不仅可以保持牙齿健康，还能让你口气清新。

再有就是手和指甲。有很多白领女性会经常清洁指甲，修理指甲，还会经常做手部护理。男人的指甲不要留得长长的，而是要剪短一些。

有些人临时需要记一个电话号码或一个简单记录时，由于一时找不到纸，他们会把电话号码或记录写在手上，这是一个很不好的习惯。手脏了，也可能会弄脏你别的东西，比如你的衣服或脸。不管男女都要注意手部清洁。干净的手和指甲也是文明的表现。

要勤洗头，洗澡，换内衣、衬衫和袜子等。

2. 气味的问题

有些年轻人吸烟、喝酒、吃葱蒜等刺激性食物，都会有一种不好的气味，但他们自己都感觉不到。

我们应该对气味特别敏感，因为不好的气味不仅说明你的个人卫生不行，也会使你旁边的人感到不舒服。现在有很多关于去除异味的产品，比如香水、漱口水、香皂等，我们都可以适量地使用它们。

❖ 摒弃不良的行为举止

如果你看见一个美女随地吐痰，相信你会对她反感，这个美女的形象就毁了。为什么呢？说大了是文明，说小了是习惯。

所以，那些有损于你的形象的习惯必须要改掉的。不良举止有很多，下面试举几例常见于人们中的不良举止，请各位引以为戒。

1. 不当使用手机

要知道使用手机的礼貌：在有演出的地方，在重要的会议上，最好能关机。你在这种场合要用手机，只可以到场外用。

万一你事务繁忙，不得不将手机带到现场，那么你至少要做到以下几点：将铃声调为震动档，以免惊动他人。找安静、人少的地方接听，并尽量控制自己说话的音量。

如果在车里、餐桌上、会议室、电梯中等地方通话，尽量使你的谈话简短，以免干扰别人。

如果你的手机再次响起的时候，有人在你旁边，你必须道歉说："对不起，请原谅。"然后走到一个不会影响他人的地方，把话讲完后再入座。

如果有些场合不方便通话，就告诉来电者会打回去，不要勉强接听而影响他人。现在很多场合是禁止打移动电话的，千万不要违反这个规定。

2. 吸烟

现在很多公司不仅在办公室内不准吸烟，甚至进入大楼就不许吸烟，要吸烟你必须离开大楼。所有戏院、影院、音乐厅都不能吸烟。

吸烟不仅伤害自己，而且还会伤害你周围的人。特别是不能在孩子们面前吸烟，这将会危害他们的健康。这一点要特别注意。

在别人家里吸烟要事先征得主人的同意，如果主人不同意就不要吸烟。如果你吸烟，一定要在离开别人家时主动把烟蒂处理掉，千万不要边抽烟边出门。

在餐馆里，即使是在吸烟区，你也要先问问你的朋友是否介意你吸烟。这是礼貌。

3. 随便吐痰

吐痰容易造成细菌的传播。随地吐痰是非常没有礼貌且绝对会影响环境、影响他人身体健康的。

如果你要吐痰，把痰包在纸巾里，然后再扔到垃圾桶里，也可以去洗手间吐痰，但不要忘了清理痰迹和洗手。

4. 当众嚼口香糖

有些人整天嚼口香糖，嚼的时候还不断地发出声音，这也是一种缺乏修养的表现。

有些时候，我们需要通过嚼口香糖来保持口腔卫生，这时我们应当注意在别人面前的形象。咀嚼的时候闭上嘴，不能发出声音，并把嚼过的口香糖用纸或塑胶袋包起来，然后扔到垃圾箱里，千万不可像随地吐痰一样吐掉它。随地吐口香糖和随地吐痰，都是不文明的行为。

5. 当众挖鼻孔或掏耳朵

有好多年轻人把大拇指或小指的指甲留得长长的，原因是将它当作一种"工具"，用来挖鼻孔、掏耳朵、剔牙等。在公共场合做这种不雅的小动作往往会令旁观者感到恶心。

如果你要做的话，就在没人看到的地方做。

6. 当众搔头皮

有些头皮屑多的人，可能会在公众场合搔头皮，这种行为会令旁人大感不快。特别是在一些庄重的场合，这样做实在是让人难以接受。

在公众场合，头皮屑落在衣服上是很不雅观的，必须时时注意用手掸干净。

7. 在公共场合抖腿

有些人坐着时会有意无意地抖动双腿，或是让跷起的腿像钟摆一样来回晃动，而且自我感觉良好，以为这样做无伤大雅。其实，这会令人觉得很不舒服。如果你有这种习惯一定要及时改正。

8. 当众打哈欠

大庭广众之下，你能忍住不打哈欠吗？在交际场合，打哈欠给对方的感觉是：你对他不感兴趣，表现出不耐烦。因此，如果你实在控制不住要打哈欠，一定要马上用手盖住你的嘴，说："对不起。"防止打哈欠的办法是，做几次深呼吸，防止大脑缺氧。

9. 当众频频看表

如果你没有要事在身，最好在别人面前尽量不看或少看自己的手表，否则会让你的朋友误认为你急于脱身。若真是因为忙或有其他重要约会，不妨直说，委婉地告知对方改日再谈，顺便表示一下歉意。

最好的解决方法是你事先就告诉别人你将要离开的时间，这样做不仅可以取得别人的谅解，还会让对方认为你是遵守时间的人。

总之，不良的行为举止和坏习惯会使别人感到不舒服，也会使你的形象大打折扣。如果你有这些不良行为举止，应及时摒弃。

第十章

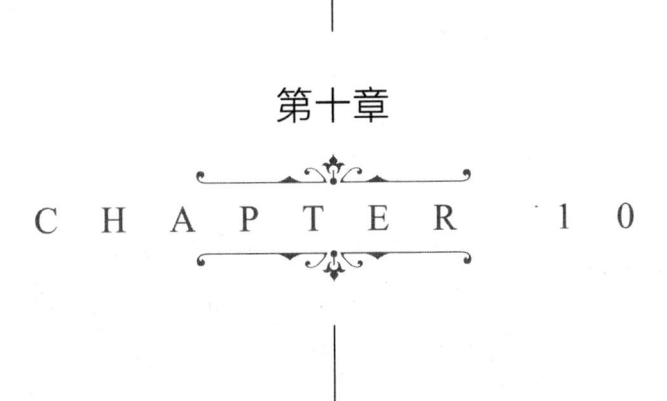

CHAPTER 10

能说会道的习惯

言语是人生不可缺少的一种传达思想感情的工具。善于说话，小则可以欢乐，大则可以成就一个人的事业。

说话并不见得比写文章容易。文章写好了可以修改，而一句话说出来了，要想修改是比较困难的。我们也常感觉到，即使是同一个意思，甚至同一句话，会说话的人能说得你兴高采烈，不会说话的人则会让你气得跳脚。

❖ 多说YES少说NO

有些人不会讨人喜欢，不管走到哪里都令人讨厌，这些人通常在和别人沟通时，总是不停地否定对方所说的话。我们来看看下面这个例子。

"你有车吗？我还以为你没有呢！什么颜色？白色，那太没个性了，现在满大街都是白色的车子，你应该选一个比较有个性的颜色。什么？还是自动挡？那太危险了！才两个车门？这样进出多麻烦啊，后座的人很辛苦吧？"

听听这段话，人家车子的每一样都被你否定了，谁听了不生气。但是，这却是很多人都有的问题。

不妨试着换成另一种说法："白色的感觉明亮，很不错哦！自动挡的车开起来很轻松，尤其是上坡路，开起来一定特别顺手吧？如果是这种车种的话，还是两车门比较轻便……"这样称赞一下人家，可以说是小事一桩，对方高兴，自己也达到了保有良好人脉的目的，何乐而不为呢？

多肯定对方、对方的家人、对方所拥有的一切，是建立良性人脉的基本方法。

如果对方的意见和你的想法不同，也绝不要一开始就直接否定人家。如果对方说："人生还是金钱最重要。"就算你不同意，也可以婉转地回答："我也是这么想的。但是，应该也有一些例外吧……"先接受对方，听完对方的想法，再表明自己的主张，态度可以坚决，但是语气要尽量委婉。

人一旦被认同，就会在潜意识里觉得对方很看重自己，自然也会对对方产生好感，也就愿意接受对方的意见。

但是有一点要注意，不能一味地肯定对方。如果有朋友在你面前抱怨他的女友实在不怎么样。你若傻傻地回答说："是呀，身材也不好！"虽然是附和了对方的意见，但此时对方心里很可能是希望得到反驳，希望你称赞他的女友。所以，和人交谈千万不要只听表面上的话，要用心察觉对方的心思。

特别需要注意的是，不要随便否定自己觉得不好应付的人。因为一旦持这样的心态与人接触，我们就很容易被对方贴上负面的标签。

"那个人很阴险，实在令人讨厌！""他是一个没有能力的人，不适合当朋友。""她很骄傲，我没办法喜欢她。"这些评语都只是对那个人的部分评价，而如此片面地评论一个人，只会破坏团结或给别人留下负面的印象。

其实，不管是什么人，必定有好的一面。如果能够深信这一点，对方必定也会信赖你，并给予你正面的回应。

❖ 该说"不"时要说"不"

我们前面说了做人要多说"YES"，少说"NO"，并非鼓励大家都去做"好好先生"。"好好先生"也许是一种明哲保身的不错选择，却不是一个欲成一番事业的人的良好选择。

很多时候，我们有必要对他人说"不"。在有违大是大非的原则时，要说"不"；在过于委屈自己迁就他人时，也有必要说"不"。不过，说"不"并非简单地以一个"不"字粗暴应对，而应该尽量用易让人接受的方式传达出"不"的意思。

美国总统富兰克林·罗斯福在就任总统之前，曾在海军部担任要职。

有一次，他的一位好朋友向他打听海军在加勒比海一个小岛上建立潜艇基地的计划。

罗斯福神秘地向四周看了看，压低声音问道："你能保密吗？"

"当然能。"

"那么，"罗斯福微笑地看着他说，"我也能。"

富兰克林·罗斯福采用的是委婉含蓄地说"不"的艺术,其语言具有轻松幽默的情趣,表现了罗斯福的高超艺术,在朋友面前既坚持了不能泄露的原则立场,又没有使朋友陷入难堪,取得了极好的语言交际效果。以至于在罗斯福死后多年,这位朋友还能愉快地谈及这段总统轶事。相反,如果罗斯福表情严肃、义正词严地说"不",甚至心怀疑虑,认真盘问对方为什么打听这个、有什么目的、受谁指使,岂不是小题大做,其结果必然是两人之间的友情出现裂痕甚至危机。

一味地说"是",或者想说"不"却不知如何说,这是一些人的通病。他们因为不拒绝或不懂拒绝,被别人支配了人生,要想有一番作为真是难上加难。

同样是说"不",常因为表述方式的不同而有不同的结果。有时说"不"的时机不恰当,会让对方感到不悦。同时,时间长了所交往的朋友或亲信也会因此而断绝。

但反过来说,有些因为说"不",而在日后成为亲密朋友的例子也不少。

同样是说"不",结果为什么会有这么大的差别呢?原因就在于对方被拒绝时,所拥有的排斥感程度不同。要让对方不会感到不悦,坦诚地接受你所说的"不",首先要以排除这种排斥感为前提。

缓和对方排斥感的第一原则是和对方造成心理距离。这和所谓的物理距离不同,即使身体和身体很接近,仍可以在心理上造成非常遥远的距离。在这方面,语言是十分重要的因素,要多利用敬语或客套话来拉近彼此的心理距离。

缓和对方排斥感的第二原则是在自己心中刻意造成开口说"不"的心态,同时替对方建立可以接受"不"的心理准备,这样对方会很顺利地接受你所说的"不"。

缓和对方排斥感的第三原则是有关"不"的事后照顾。这就像售后服务一样，售后服务不好，有时会损害整体的形象，因此从这个角度来看，如果事后的照顾做得不好会伤害到对方的感情。

所以，此时最重要的是，不要等到非说"不"的时候才考虑事后的照顾应该怎么做，而是先想好事后的照顾再说"不"，这和人与人交往时的互相关怀对方，是很有关系的。

说"不"后不让对方感到不悦，并不是口头上的技巧，而是你要具有诚心诚意的态度。

我们应该认识到，只有在自己说"不"时，对方才会感激自己所说的"是"——凡是都是"是是是"，我们的"是"便会变得一文不值。只有充满自信与原则的人知道说"不"，也只有别人知道你有说"不"的原则之后，才会信任你所说的"不"。

❖ 真诚地夸赞别人

每个人都各有所短，也各有所长。然而有些人只看见他人的短处，却看不见他人的长处，如此就会觉得欲夸赞他人却找不到可夸赞之处。其实只要不盯着别人的短处，多看看他的长处，可夸赞的地方多着呢！而且你夸赞一个人，并没有欺骗大众，只是使大家注意到了他的长处，也使他因受到大众的注意而格外珍惜自己的长处，从而更好地发挥自己的长处。

第十章　能说会道的习惯

"你的字写得真好！"你这样对他说，下次他一定会写得更好。这个方法同样可用于对待你的下属、你的家人。

以赞美来鼓励、提高他的自尊，他一定会再接再厉。这就是说自我督促比你用命令督促他要好用得多。

有些人从来不懂得这些，认为要一个人做好，只有鞭策他或者不停地督促他就可以达到目的。他不明白人本来就喜欢自己主动地做一切事情，而不高兴被动地做事。你如果在一旁督促他，他反而觉得是侮辱，因为他不喜欢受到支配。

所以当你想鼓励身边的人时，不可老是站在长者的地位严肃地教训他。留心他的工作，找到一点点值得赞美之处，就马上给予适当的鼓励，那么你一定会得到最美满的收获。

许多做经理的人永远不会对他的员工说一句赞美的话，只知道板起脸来督促他们，以致公司里暮气沉沉，毫无活跃的景象。因为大家满肚子都是闷气。他们从来听不到一句使他们高兴的话，只要做错了一点事情就会挨骂。这样的一个公司，绝不会有长足的进展。

一定要多夸奖别人，即使是用最普通、最平常的语言夸奖别人。夸奖别人对于自己来说是平常至极的事，但对于听者来说却非同小可。夸奖可以令他们愉悦、振奋，甚至可以因为这句话改变一个人的一生。

赞扬作为一种交际行为和手段，其作用在于：

激励人们不断地进步；

能对他人的一生产生深刻的影响；

能沟通人与人之间的感情。

赞扬要发自内心，要真心实意。如果言不由衷或言过其实，对方就会怀疑赞扬者的真实目的。

赞扬要具体，不要含糊其词。含糊其词的赞扬可能会使对方混乱、窘迫，甚至紧张。赞扬越具体，说明你对对方越了解，从而拉近彼此的距离。此外，值得赞扬的不应仅是对方众所周知的长处，更应是他们那些既可贵又鲜为人知的优点。

恰如其分，就是要注意赞扬的度。适度的赞扬使人振奋和受到鼓舞，反之使人难堪、反感，或将赞扬视为恭维、奉承，或疑心你在讽刺和挖苦。赞扬的内容要适度，恰如其分；赞扬的方式、地点要适宜；赞扬的频率要适当。

在一般人的观念中，总认为"第三者"的话比较客观、公正和实在，因此以"第三者"的口吻来赞扬，更能得到对方的好感和信任。

赞扬他人最常见的方式就是直接赞扬，特别是上级对下级、老师对学生、长辈对晚辈。直接赞扬又有个别赞扬和当众赞扬之分，前者使对方感到亲切，便于进行思想交流；后者较庄重、严肃。一般来说，当众赞扬比个别赞扬的作用更大。

间接赞扬就是在当事人不在场时说一些赞扬他们的话。通常情况下，间接赞扬的话语都能够传到被赞扬者的耳中。在日常生活中，如果你想赞扬他人，但不便对他们当面说出或没有机会向他们说出，就可以在他们的朋友或同事面前适时地说些赞扬的话。

根据国外心理学家调查，间接赞扬的作用绝不比当面赞扬差。此外，直接赞扬的度如果不够，会使对方感到不满足、不过瘾，甚至不服气，直接赞扬过了头又会变成恭维；而用间接赞扬的方法则可以缓和这些矛盾。因此，有时当面赞扬不如通过第三者的间接赞扬效果好。

人人都有渴求获得赞扬的心理，并且为了得到赞扬，不管做什么都心甘情愿。可是他们在渴求得到赞美的时候，却经常忽略了交往对方的这种心理需求，结果使自己渴求赞扬的心理很难获得满足。为此，交往中只有努力加强对对方的关心和称赞，才能赢得对方的回报。

称赞能给生活带来温暖和愉快，能使世间嘈杂的声音化为优美的交响乐章。谚语说："赞美之辞如同照耀人们心灵的阳光，失去它，便会失去生机。"由此可见，赞美的作用是巨大的。

开启你的夸赞模式吧，相信你的人缘会越来越好，工作生活也会变得越来越顺。

❖ 光说不听最愚蠢

许多口才好的人常常容易犯一个毛病：好口若悬河，根本不给对方多少说话的机会。其实说话如同打乒乓球，要你来我往地互动，双方才有谈话的乐趣。你若一个劲地开着机关枪，别人就只有躲的份儿了。

聆听是搞好人际关系的需要。人有两只耳朵一张嘴，就是为了少说多听。不重视、不善于倾听就是不重视、不善于交流，而交流的一半就是用心倾听对方的谈话。不管你的口才有多好，你的话有多精彩，也要注意听听别人说些什么，看看别人有些什么反应。

俗话说得好："会说的不如会听的。"也就是说：只有会听，才能真正会说；只有会听，才能更好地了解对方，促成有效的交流。尤其是和有真才实学的人一起交谈更要多听，不仅要多听，还要会听。

所谓"听君一席话，胜读十年书"，大概也正是这个意思吧。

那么，是不是我们什么都不说，只一味地去听呢？当然不是。假如一句话都不说，别人即使不认为你是哑巴，也会认为你对谈话内容一点都不感兴趣。这样会使对方觉得尴尬、扫兴，不愿意再说下去。到底多说好，还是少说好呢？这就要看交谈的内容和需要了。

如果你的话有用，对方也感兴趣，当然可以多说；倘若你的话没有什么实质内容和作用，还是少说为佳。即使你对某个话题颇有兴趣和见解，也不要滔滔不绝，没完没了，更不要打断别人，抢话争讲，因为那样会招致对方厌烦，甚至破坏整个谈话的气氛。

听话也有诀窍。当某人讲话时，有的人目光游离，心不在焉，给人一种轻视谈话者的感觉，让对方觉得你对他不满意，不愿再听下去，这样肯定会妨碍正常有效的交流。当然，所谓注意听也不是死盯着讲话者，而是适当地注视和有所表示。

只要将人际关系融洽的人和人际关系僵硬的人做比较，你就会明白，越是善于倾听他人意见的人，他的人际关系就越好。这是因为，聆听是褒奖对方谈话的一种方式。

如何学会聆听？以下提几点建议。

1. 保持耳朵的畅通

在与人交谈时，尽量使对方谈他所感兴趣的事，并用鼓励性的话语或手势让对方说下去，并不时地在不紧要处说一两句赞叹的话，对方会认为你很尊重他。

2. 全心全意聆听

轻敲手指或频频用脚打拍子，这些动作会伤害对方的自尊心。与人交谈时，眼睛要看着对方的脸，但不要长时间地盯住对方的眼睛，因为这样会使对方产生厌恶的情绪。只要你全神贯注，轻轻松松地坐着，不用对方音量大你也可以一字不差地听进耳朵里。

3．协助对方把话说下去

协助对方把话说下去很重要，因为别人说了一大通以后，如果得不到你的呼应，尽管你在认真地听，对方也会认为你心不在焉。

在对方话语的不紧要处，不妨用一些很短的评语来表示你在认真地倾听，诸如"真的吗？""太好了！""告诉我是怎么回事？""后来呢？"这些话语会使对方兴趣倍增。

假如你和一个老朋友在一起吃饭，他说他前几天跟上司吵了一架，这几天一直很生气。如果你对他说："到底是怎么回事，说说吧。"他会对你说很多。他有了叙述苦闷的机会，心情便会好受很多，自然你们的友情也会更加深一层。

4．不要打断

在别人讲话的时候，如果你自作聪明，用不相干的话把别人的话头打断，这会引起对方的愤怒。

5．要学会听出言外之意

通常，除说话以外，一个眼色、一个表情、一个动作都能在特定的语境中表达明确的意思。就是同一句话，也可以听出其弦外之音、言外之意。

6．用心听，要听全面

用心听，并且要听全面的话而不是支言片语，否则你会妄加评说，影响沟通。

聆听是表示关心的行为，是一种无私的举动，它可以让我们进入亲密的人际关系，并建立友谊。

❖ 开玩笑不要伤人

说话不受拘束，本是人生一大快事。不过，凡事有利也有弊。乐极更易生悲，因开玩笑而使大家不欢而散的事情也时常会发生。

对于开玩笑的学问，我们认为有以下五个原则必须遵守。

1. 内容要高雅

笑料的内容取决于开玩笑者的思想情趣与文化修养。内容健康、格调高雅的笑料，不仅给对方启迪和精神的享受，也是对自己美好形象的有力塑造。钢琴家波奇在一次演奏时，发现全场有一半座位是空着的。于是，他对听众说："朋友们，我发现这个城市的人们都很有钱，我看到你们每个人都买了两三个座位的票。"于是，听众们便哈哈大笑起来。

2. 态度要友善

与人为善，是开玩笑的一个原则。开玩笑的过程，是感情互相交流传递的过程。如果借着开玩笑对别人冷嘲热讽，发泄内心厌恶、不满的感情，那么一下就会被人识破。也许有些人不如你口齿伶俐，表面上你占了上风，但别人会认为你不尊重他，从而不愿意再与你交往。

3. 行为要适度

开玩笑除了可借助语言外，有时也可以通过行为动作来逗别人发笑。有对小夫妇，感情很好，整天都有开不完的玩笑。一天，丈夫摆弄鸟枪，对准妻子说："不许动，一动我就打死你！"说着扣动了扳机。结果，妻子被意外打成了重伤。可见，开玩笑千万不能过度。

4. 对象要区分

同样一个玩笑，能对甲开，不一定能对乙开。人的身份、性格、心情不同，对玩笑的承受能力也不同。

一般说来，后辈不宜同前辈开玩笑；下级不宜同上级开玩笑；男性不宜同女性开玩笑。在同辈人之间开玩笑，则要掌握对方的性格特征与情绪信息。

对方性格外向，能宽容忍耐，玩笑稍微开得有点过也能得到谅解。对方性格内向，喜欢琢磨言外之意，开玩笑就应慎重。对方尽管生性开朗，但若恰好碰上不愉快或伤心的事时，就不能随便与之开玩笑。相反，对方性格内向，但正好喜事临门，此时与他开个玩笑，效果会出乎意料得好。

5. 场合要分清

有些场合适合开玩笑，有些场合则不适合。比如，在庄重严肃的场合如图书馆、医院、法庭等就不宜开玩笑。

在生活中，适当地开一些玩笑可以快速拉近彼此的距离，化解尴尬的氛围，赢得他人的好感，但我们一定要注意以上提到的开玩笑的五个原则，从而让自己的玩笑变得有分寸。

❖ 谨慎把好"嘴门关"

在我们周围，正人君子有之，奸佞小人有之；社交路上既有坦途，也有暗礁。一个人如果不注意说话的内容、分寸、方式和对象，不把好自己的"嘴门关"，往往容易招惹是非，授人以柄。

因此，说话小心一些，为人谨慎一些，使自己置身于进可攻、退可守的有利位置，牢牢把握人生的主动权，无疑是有益的。一个信口开河、喋喋不休的人，会让人觉得他浅薄俗气、缺乏涵养而不受欢迎。

1. 在任何情况下，一切争辩都应该避免

你如果喜欢和人争辩，是否以为你可以用结论压倒对方就会得到很大的益处呢？其实，你未必压得倒对方。即使对方表面屈服了，心里也必悻悻然，对你的人脉发展一点好处也没有。

过多的、激烈的争辩会损害别人的自尊心，对方会因此对你心生反感，因此失掉一些朋友。好胜是大多数人的特点，没有人肯自认是失败的，所以一切争辩都是不必的。如果你能够尊重他人的意见，自己的意见也会被人尊重。如此，你所主张的，就很容易得到他人的拥护。你可以实现你的主张，你可以左右别人的计划，但绝不是用争辩的方法来获取。

2. 用质问式的语气来谈话，最易伤感情

许多夫妻不睦，兄弟失和，同事争吵，都是由于一方喜欢用质问

式的态度来与对方谈话所致。在我们的日常交往中，除遇到辩论的场面，质问是大可不必的。如果你觉得对方的意见不对，不妨从正面直接把你的意见说出来，何必一定要先来个质问，使对方难堪呢？有些人爱用质问的语气来纠正别人的错误，这足以破坏双方的情感。

被质问的人往往会被弄得不知所措，自尊心受到很大的打击。尊敬别人，是谈话艺术首要的前提。如果为一点小事就想为难一下对方，图一时之快，于人于己皆无好处。你若不想别人损害你的尊严，你也不要损伤别人的自尊心。

3．纠正对方时，最好用请教的语气

对方谈话中不妥当部分，虽须加以指正，但对正确的部分须首先加以肯定和赞扬，对方会因你的公允而心悦诚服。你若想改变对方的主张时，最好能设法把自己的意思暗暗移植给他，使他觉得是他自己的主动修正，而不是由于你的批评。

对于那些不可挽救的过失，你应当站在朋友的立场上给予恳切的指正，而不是严厉地责问。纠正对方时，最好用请教式的语气，因为朋友之间是平等友好的关系，用命令的口吻效果很不好，要注意保护或激励对方的自尊心。

4．不要故意与人为难

有的人在交谈时，专门喜欢表示自己与别人意见不同。这种处处故意显示自己与别人看法不同的人，和处处随声附和的人一样，都是不真诚的。口才是帮助你为人处世的一种方法，没有人愿意做一个口才很好却不受欢迎的人。不要在众人面前为了表现你的口才而到处逞能，惹人憎厌。口才一定要正确而灵活地表现，才会让人心悦诚服、深受鼓舞。

5．对于你不知道的事情，不要冒充内行

不懂装懂是一种自欺欺人的行为，你知道多少，就说多少，没有人要求你做一个"百科全书"。即使一个很有学问的人，也必有其所不知之处。所以，坦白地承认你对于某些事情的无知，这绝不是一种耻辱。相反，别人会因为你不虚伪，没有吹牛而认为你的谈话更有参考价值。

6．别对陌生人夸耀你的个人生活

不要在公共场合炫耀你个人的成就、你的富有或是你的儿子怎么了不起，而把朋友的缺点和失败当作谈资。

把好了"嘴门关"，你将不会因出言不逊而将自己苦心经营的人脉关系网在顷刻之间断掉了。

第十一章

CHAPTER 11

助人为乐的习惯

现代社会里，谁孤立谁就会失败。失败了还要坚持孤立，那这个人就是一个彻底的失败者。在现代社会的大舞台中，个人的力量是渺小的，是微不足道的，而善于合作则是你不可或缺的重要途径。

乔治马修·阿丹说："帮助别人往上爬的人，会爬得最高。"这句格言的意思再明白不过了，乐于帮助别人往上爬的人，肯定有一定的能力。

一是他站得比受帮助的人要稳、要高，说明其自身素质很好；二是一直帮助别人往上爬的人一定是善于与人合作的，因为大家都愿意和帮助自己的人合作；三是他有领袖能力，他要一直帮助别人往上爬，为别人指明方向，引导别人向前，向更高一步发展，就说明他的领导能力必定不差。

第十一章 助人为乐的习惯

❖ 与人方便，自己方便

一年冬天，年轻的哈默随一群同伴来到美国南加州一个名叫沃尔逊的小镇。在那里，他认识了善良的镇长杰克逊。这位镇长对哈默后来的成功影响巨大。

一天，天空下着小雨，镇长家门前花圃旁边的小路成了一片泥淖。于是，行人就从花圃里穿过，弄得花圃一片狼藉。哈默不禁替镇长痛惜，不顾寒雨淋身，独自站在雨中看护花圃。

这时出去半天的镇长微笑地从外面挑回来一担煤渣，从容地把它铺在泥淖里。结果，再也没有人从花圃里穿行了。镇长意味深长地对哈默说："你看，给人方便就是给自己方便。我们这样做有什么不好？"

是啊，给人方便就是给自己方便。每个人的心都是一个花圃，每个人的人生之旅就好比花圃旁边的小路，而生活的天空不仅有和风丽日，也有风霜雪雨。那些在风雨中前行的人们如果能有一条可以顺利通过的路，谁还愿意去践踏美丽的花圃呢？

后来，哈默在艰苦的奋斗下成了美国石油大王。一天深夜，他在一家大酒店门口被黑人记者杰西克拦住。杰西克问了他一个很敏感的话题："为什么前一阵子你们对东欧国家的石油输出量减少了，而你们最大对手的石油输出量却略有增加，这似乎与阁下现在的石油大王身份不符。"

哈默听了记者这个尖锐的问题，并没有立即反驳他，而是平静地回答道："给人方便就是给自己方便。那些想在竞争中出人头地的人如果知道，关照别人需要的只是一点点的理解与大度，却能赢得意想不到的收获，那他一定会后悔不迭。给人方便，是一种最有力量的方式，也是一条最好的路。"

有一篇叫《慷慨的农夫》的短文，说美国南部有个州，每年都举办南瓜品种大赛。一位经常获得头奖的农夫在获奖之后，毫不吝惜地将得奖的种子分送给街坊邻居。有人不解，问他为何如此慷慨，不怕别人种出来的南瓜品种超过他的吗？

农夫回答说："我将种子分送给大家，方便大家，其实也就是方便我自己！"原来，邻居们种上了良种南瓜，就可以避免蜜蜂在传递花粉的过程中，将邻近的较差的品种传染给农夫的南瓜。这样，农夫就能专心致力于品种的改良。否则，他就要为防范外来花粉对品种的污染而疲于奔命。

这种"与人方便，自己方便"的精神，无论是安身还是立命，是经商还是致富，都是一个人立于不败之地的做人秘籍。

❖ 帮助他人，强大自己

帮助别人就是强大自己，帮助别人也就是帮助自己，别人得到的并非你自己失去的。就像歌中唱的那样，"人字的结构，就是相互支撑"。可惜，在一些人的固有思维模式中，一直认为要帮助别人自己就要有所牺牲；别人得到了，自己就一定会失去。比如，你帮助别人提了东西，你就可能耗费了自己的体力，耽误了自己的时间。

其实，我们不能这样看问题。很多时候，帮助别人并不意味着自己吃亏。如果你帮助其他人获得他们所需要的东西，你也会因此得到这样或那样的东西，而且你帮助的人越多，你得到的也就越多。

你在个人生活和职业生活中的成功，取决于你与他人合作得如何。"合作"一词指在群体环境中普遍发生的社会关系。群体，一般被定义为一起工作以实现共同目标的一群人。群体的成员互相作用，彼此沟通，在群体中承担不同的角色，并建立群体的同一性。今天所讲的"团队精神"，说穿了就是指个人在群体内的合作精神。

正如我们已经探讨过的其他人类活动所揭示的那样，有些人较之其他人是更有效的群体成员。群体的成功要涉及一系列复杂的思考和语言能力，而这些能力正是许多人所没有系统掌握或完全拥有的。

那些在社交方面很成熟的人，他们极易适应任何群体环境，能与许多不同的个体进行友好的交往，与他人和谐地、富有成效地共事，用清楚的和有说服力的观点影响着群体，有效地克服群体中其他成员的自我主义，鼓励群体成员通过有效合作、创造性地工作，并能使每一个人发扬这种精神，朝着共同的目标前进。

就像丹尼尔·戈尔曼在其畅销书《情商》一书中指出的那样，这些复杂的思考、沟通和社交技能，对于在生活中取得的成果，常常比传统的智商或职业技能更加重要。

你可能对你所熟知的人取得成功的原因感到迷惑不解，因为他们似乎也不是最有知识或最聪明的，他们的成就似乎不是"你所认识的人"所能取得的。但正是因为他们具有良好的团结他人和沟通技能，再加上他们的互助精神，他们取得了意想不到的成功。不过，他们具有的团结他人和沟通的技能，往往也是通过观察、实践和思考而培养出来的。

所以说，成功人士普遍认为：与他人合作比单独工作有许多好处。首先，群体成员具有不同的背景和兴趣，这可以产生多样化的观点。实际上，与他人合作可以产生出一些创造性的思想，"三个臭皮匠，顶过诸葛亮"，说的就是这个道理。

此外，群体成员靠互相提供帮助和鼓励，每个人都能贡献出他或她独特的技能，团体的一致性和认同感激励着团体成员为实现共同的目标而努力奋斗，正是这种"团队精神"，使每个人都能够更大限度地表现自己。

俗语说得好，"人多力量大""众人拾柴火焰高"。一群人一起互助工作，如果全力以赴，组织有序，就能在有限的时间里取得比相同数量的个体更引人注目的成就。

当然，与别人合作不等于完全没有原则地迁就。世界上没有两片完全相同的树叶，每个人都是独一无二的。每个人的特殊遗传基因的组合，决定了他们有不同的生理条件；出身背景不同，所受的教育不同，人生经历不同等，这些客观条件决定了每个人都会拥有自己不同的思想情感、性格气质、思维方式。

在一个文明的社会里，只要个人的行为不妨碍社会的健康发展，不妨碍他人的生活，它应该就有存在的理由，任何人都没有权利也不能消除这种差异。因此，我们不能指望每个人都和我们的想法一致，也不可能与每一个人都成为知心的朋友。

你也不可能喜欢所有人，你可以不欣赏、不喜欢他，但绝对不能轻视他，他只是和你在某些方面存在不同而已，应该尊重这种不同。当然，你也不要在与别人交往中一味地迁就别人而丧失了自己的个性。

❖ 人情账户，日积月累

人人都难逃脱一个"情"字。尽管当今生意场上流行着一句话，"金钱至上，认钱不认人"，但是"人情生意"却从未间断过。人既然能够为情而死，那么为情而做其他又有何不可？这是人之常情。

所以，会做人的商人都懂得"感情投资"，就是在生意之外多了一层相知和沟通，能够在人情世故上多一份关心，多一份相助。即使遇到不顺利的情况，也能够相互体谅，"生意不成人情在"。

这种情况往往有多种表现。一种是自然形成的。你在生意场上遇到了相互比较投缘的人，有了成功的合作，感情也自然融洽起来，这就是我们常说的"有缘"的人。有缘自然有情，关系好的时候，互相付出自然不在话下。问题在于如何保护和持续这种关系，继续爱护它、增进它，使其天长地久。

很多人都有这种毛病，一旦关系好了，就觉得自己没有必要去保护它了，往往会忽略双方关系中的一些细节问题。例如，该通报的信息不通报，该解释的情况不解释，总认为"反正我们关系好，解释不解释也无所谓"，结果日积月累，形成难以化解的问题。

而更不好的是人们关系亲密了之后，总是对另一方要求越来越高，总以为别人对自己好是应该的；但是稍有不周或照顾不到，就会产生怨言。由此很容易形成恶性循环，最后损害双方的关系。

可见，"感情投资"应该是经常性的，也不可似有似无，从生意场到日常交往，都应该处处留心，善待每一个朋友和合作伙伴，而且要从小处细处着眼，时时落在实处。

人与人之间如果没有彼此信任，则没有互惠互利；没有较深的感情则没有彼此的信任。在人际交往与关系中重视感情因素，不断增加感情的投资，就是聚积信任度，保持亲密友情和加强互惠的关系。

你经常在感情的账户上投资，就会赢得对方的信任，那么当你遇到困难，需要帮助的时候，就可以利用这种信任，你即使犯了什么过错，也容易得到别人的谅解；你即使没把话说清楚，有点小脾气，对方也能理解。

所以，尽管在如何做人这一问题上有许多有效的方法和技巧可以采用，然而最重要的是自己要乐于助人，关心他人，不断增加感情账户上的储蓄额。如果说建立相互信任、相互帮助的人际关系有什么诀窍的话，那么这是唯一的和可靠的诀窍。

反之，不肯增加储蓄而只想大笔支取的人是无人理会的，这样的银行账户是根本不存在的。到需要用钱时，也就必然无钱可用，只有欠债了。但欠债总是要还的，到头来还是要储蓄。这就是人与人的交往中，平等互利、收支平衡的关键。

互助互利不仅指物质利益，而且还有精神利益。作为被求助的一方，不一定非要你给他什么帮助和好处不可，而且人际交往的互利互惠也不同于做买卖那样必须是等价交换，立刻兑现，但作为求助者最好能让对方了解到助人也会助己。

自己乐于助人，多主动帮助别人，会不断增加感情账户上的储蓄。如上所述，求人与被人求，是一笔人情账。尽管人情账无法精确地计算，但是大家都会心中有数的。

有时在求对方办事时，也许对方并不情愿为你白忙活，他希望你也能帮他做些事情，有的甚至希望在他帮你办事之前，你先为他办成某件事。如果你了解对方这种心理，主动满足他的欲望，他就会很痛快地帮助你。

有时对方没有什么需要帮忙的事情，此时你要让对方的精神上得到了满足，表现出对对方的崇拜和尊敬，不断地夸奖对方的能力。

如果你与对方关系很密切，求他帮忙时，他会提出条件来，那你也要多为对方考虑，尽量多为对方解决一些困难。不论关系多密切，你总求人家而没有回报，时间久了再好的朋友也会对你有看法的。

如果你求别人帮忙的是一件名利双收的事，那对方也希望从中得到一些名或利。如果对方什么都得不到，而你却名利双收，对方就会在心理上失衡。现在的人对口头许诺不感兴趣，所以，你最好要提前满足对方的欲望。如果不能，也一定要恪守信用。如果你不能履约，以后再求对方就难了。

生活中经常有这样的人，帮了别人的忙，觉得有恩于人，于是便产生了一种优越感，高高在上，不可一世。这种态度是很危险的，常常会引发反面的后果，也就是说，你虽然帮了别人的忙，却没有增加自己人情账户的收入，这是因为这种骄傲的态度把这笔账抵消了。

❖ 不善合作，孤掌难鸣

大科学家牛顿登上科学的高峰，得益于巴罗的支持和合作。巴罗是当时剑桥大学数学讲座的唯一教授。他发现牛顿的才能超过了自己，就主动让位给26岁的牛顿，使牛顿不仅获得了难得的科学研究条件，而且树立了更高的责任感和更强的自信心。假如巴罗推迟几年让位，牛顿的成就是否会那么辉煌就说不定了。

精诚合作是一些成功人士的座右铭。当你付出了，你就会有收获。即使今天没有，未来某一天总会有的。你帮助了别人，别人在你最需要的时候也会不遗余力来帮助你、支持你的。

每个人都不是三头六臂，你个人不可能有太多的精力；你在此方面是天才，可能在彼方向却什么也不懂；你在此领域呼风唤雨，可能在彼领域寸步难行。

一个巴掌拍不响，众人拾柴火焰高。

一般而言，大凡古今中外的事业有成者，往往都是团结合作的好手，都是能将他人的聪明才智"集合"起来的高手，都是能将合作者的潜能充分调动、发挥的能手。汉高祖刘邦在平定天下、设宴款待群臣时很有感慨地说："运筹帷幄，决胜千里之外，我不如张良。治国、爱民，萧何能有万全的计策，我不如萧何。统帅百万大军，百战百胜，是韩信的专长，我也甘拜下风。但是，我懂得与这三位天下人杰合作，所以我能得到天下。反观项羽，连唯一的贤臣范增都团结不了,这才是他步入垓下逆境的根本原因。"

有人问:"我也想与人合作,但就是合作不了,这是什么原因呢?"

第一,与自己的私心太强有关。合作需要人的无私,需要利益共享。有些人的私心太强,什么利益都想自己独吞或占大头,凡涉及名利之事都想自己优先,都想将他人排斥在外,自己一点小亏都不肯吃;有些人的功利主义色彩太强,对合作者采取实用主义的态度,用到他人时,什么都好商量,不用他人时,则采取将人一脚踢开、理都不理的态度。一个人若是对合作者采取这样的态度,那么是永远合作不好的,而且合作不久也会马上散伙的。

第二,与自己不能平等待人有关。合作需要人与人之间的平等,需要人与人之间的尊重。但是,有的人却不是这样,总是将自己看作是主人,将自己的合作者看作是"被恩赐者",因而有意无意地露出一副优越感,不懂得尊重人,缺少一点民主精神,在合作者面前他永远是个指挥者、命令者,让合作者感到很不开心,时间一长,这种合作也将是不欢而散的。

第三,与自己对他人的苛求有关。有的人虽然很有能力,私心也不多,对自己的要求也很严格,但别人就是不愿意在他手下工作。什么原因呢?就是因为这类人不太懂得"人非圣贤,孰能无过"的道理,往往将对自己的要求强加到合作者的身上,自己在节假日加班加点,也不让其他人休息,谁要休息,就是想偷懒,就是不好好工作,就批评指责他人。这类人还有一个毛病,即总是要将自己的意志强加于人,什么事情都得听他的,都必须按他的意见办事,时间一长,谁能受得了?最后,一定是以合作的失败告终的。

第四,与自己情感上的毛病有关。有的人什么都好,就是太过偏执，太凭印象办事。对自己认为是"中意的人"，就一好百好，什么事情都好说；而对那些自己感到"别扭的人"，整天板着脸，总是持一种怀疑、偏见和对抗的心理去审视对方的一切，只要是这些人提出的意见，他从内心就开始反感，更别谈共同完成了，有时甚至会故意找碴发难，在这种状态下彼此怎能合作得好呢？

那么，我们应该怎样加强合作精神呢？

要与他人合作得好，就必须克服自己的私心，不能只顾自己，不顾别人，而是要做到"宁人负我，我不负人"，最起码要做到"利益共享"，人家该得到的就要让人家得到，甚至得到的还要多一些。

要与他人合作得持久，就要像唐代大诗人李白所说的那样："不以富贵而骄之，寒贱而忽之"，让他人感到自己也是合作项目的主人，感到很顺心。

要与他人合作得好，就必须做到不苛求合作者（当然，这并不是说对合作者一味地无原则迁就），不吹毛求疵，多一点宽容忍让，让合作者感到他工作的环境和谐、融洽，这样的合作才能牢固、长久。

要与他人合作得好，必须要多为他人想一想，多帮助对方，尤其是当合作者有困难时，更要关心他人，及时伸出援助之手，让对方真切地感到你在同情他、帮助他，在替他分忧解愁。

要与他人合作得好，必须经常认真对自己进行反思，想一想最近的合作状况。想一想自己有哪些过错，还有哪些地方可以改进……多一点反思肯定会让自己与他人的合作变得更加愉快。

第十二章

CHAPTER 12

分秒必争的习惯

❖ 懒惰者与幸运之神无缘

拖延的背后是人的惰性在作怪，因此克服拖延的习惯必须要抛弃你的惰性。要战胜你的畏难情绪，学会果断地做出决定，从现在开始就去做最需要做的事情，切不能让今天的事情留到明天，要持之以恒地完成每一件事情。

什么事情都不能随便给自己留退路，只有下决心克服懒惰的习惯，切实改变你的拖拉习惯，这样方可让自己事业有成。

1878年6月6日，一个名叫威廉·马蒂斯的男孩子出生在美国得克萨斯州。

由于马蒂斯的父母是爱尔兰籍移民，家里没有一点积蓄，加之当时美国经济不景气，马蒂斯的母亲常常为一日三餐发愁。

少年时代的马蒂斯只读了几年书便辍学了，他不得不像大人一样为了生计奔波。

马蒂斯在火车上卖报纸、送电报、贩卖明信片、食品、小饰物等东西，赚取微薄的收入，以贴补家用。与其他报童不同的是，马蒂斯放报纸的大背包里时刻都装着书。空闲的时候，当别的报童们纷纷去

第十二章 分秒必争的习惯

听火车上卖唱的歌手们唱歌或跑到街上玩耍时，马蒂斯便悄悄地躲到车站的角落里读书。

马蒂斯的家乡盛产棉花，在对棉花过去十几年的价格波动做了分析总结后，1902年，24岁的马蒂斯第一次入市买卖棉花期货便小赚了一笔，之后他又做了几笔交易，几乎笔笔都赚。

棉花期货上的成功坚定了马蒂斯投资资本市场的信心。不久，马蒂斯到俄克拉荷马去当经纪人。当别的经纪人都将主要精力放在寻找客户以提高自己的佣金收入时，马蒂斯却把美国证券市场有史以来的记录收集起来，一头扎进了数字堆里，在那些杂乱无章的数据中寻找着规律。

当时做经纪人的收入是很可观的，每到夜晚，马蒂斯的许多同事便出入高级酒店、呼朋唤友。而他由于没有客户，得不到佣金，只能穿着寒酸的衣服躲在狭小的地下室里独自工作着。同事们笑他迂腐，笑他找不到客户，还暗地里给他起了个外号叫"路芙根的大笨蛋"。

马蒂斯并不理会这些，依然我行我素。他用几年的时间去学习金融知识。

1908年，马蒂斯30岁，移居纽约，成立了自己的经纪公司。同年8月8日，马蒂斯发表了他最重要的市场趋势预测法。

经过多次准确预测后，马蒂斯声名大噪。

许多人对马蒂斯一次次对证券市场的准确预测颇为不解，更有一些人坚持认为这个年轻人根本没有那么大的本事，他的成功只不过是传媒大肆渲染的结果罢了。

为证明自己报道的真实性，1909年10月，记者对马蒂斯进行了一次实地访问。在杂志社人员和几位公证人员的监督下，马蒂斯在10月份的25个市场交易日中共进行了286次买卖，结果，264次获利，22次损失，获利率竟高达92.3%。这一结果一见诸报端，立即在美国金融界引起轩然大波，人们惊呼，这个年轻人简直太幸运了！

以后的几年里，马蒂斯在华尔街共赚取了5 000多万美元的利润，创造了美国金融市场白手起家的神话。不仅如此，他潜心研究得出的"波浪理论"还被译成十几种文字，作为世界金融领域从业人员必备的专业知识而被广泛传播。

许多时候，人们总会用"幸运"来形容某个人的崛起与成功，还有一些人会经常抱怨自己时运不济，对生活和事业中的"不公平"产生困惑与不满。事实上，幸运靠的是一个人艰苦卓绝的努力与永不放弃的执着。

幸运与懒惰无缘，这是一条毋庸置疑的真理。

❖ 抛弃拖延的恶习

每个人都想成功，可是有些人总是错过成功的机会，原因在于他们的行动被拖延耽误了。

拖延是一个专偷行动的"贼"，它在偷窃你的行动时，常常给你构筑一个"舒适区"，让你早上躺在床上不想起来，起床后什么也不想干，能拖到明天的事今天不做，能推给别人的事自己不干，不懂的事不想懂，不会做的事不想学。它让你的思想行动停留在这个"舒适区"里，对任何舒适以外的思想行动，都觉得不舒服、不习惯。

第十二章 分秒必争的习惯

这个"贼"能偷走人的行动，同时也能偷走人的希望、健康、成功，它带给人的不良习惯和后果是积重难返的。

有的学生遇上难题没有及时问老师，后来问题越来越多，成绩越来越差；有的商人因没能及时做出关键性的决定而惨遭失败；有的病人延误了看病的时间，给生命带来无法挽救的悲剧。

成功需要大量的行动！而我们却因为拖延无法采取行动。

英国著名小说家司各特之所以能取得那么多的成就，原因就在于他是一个十分守时的人。他每天都是早早起床。他曾经说，到早餐时，他已经完成了一天当中最重要的工作了。

一位渴望能在事业上获得成功的年轻人写信向他请教，他这样答复："一定要警惕那种使你不能按时完成工作的习惯——我指的是，拖延磨蹭的习惯，要做的工作即刻去做，等工作完成后再去休息，千万不要在完成工作之前先去玩乐。"

在完成任务后，给自己一个奖励，奖励要实际并按事先定好的办。要留意会引诱自己不按计划行事的想法，例如，"我明天再做"，"我应该休息一下了"或"我做不了"。要学会把自己的思想倾向扭转过来："假如我再不做就没有时间了，下面还有很多事情等着我去做呢""如果我做完这个，我就会感觉更轻松一些了""我一旦开始做就不会那么糟糕了"。

倘若开始动手对你是一个挑战，那么设计一个"十分钟计划"：做十分钟你惧怕的工作，接着决定是否继续。

倘若你在工作当中出现了一些障碍，那就把工作地点或姿势改变一下，休息一下或者换一下工作内容。

利用能为你的工作提供咨询帮助的朋友、亲人。在工作进程中向他们求教，告诉他们你需要他们的支持，你需要倾诉你对工作的感想，你需要来自他们的鼓励。

如果你迈出了第一步，那你就成功了一半。

尽管你具备了知识、技巧、能力、良好的态度与成功的方法，比其他人懂得多，然而你还是可能不会成功。因为你还要付出行动，一百个知识抵不上一个行动。

如果你行动了，可能还是不会成功，因为太慢了。你只有马上去做，比你的竞争对手更早一步知道、做到，这样你才能有成功的可能性。

由此，我们应该明白：一定要掌握时间，马上行动！能够帮助你打败竞争对手的关键，能够帮助你达到目标的关键，能够帮助你占领市场的关键，能够帮助你成功的关键，仅有两个词：一是行动，二是速度。

要想成功，就必须抛弃拖延的恶习；要想成功，就必须马上行动！

❖ 克服懒惰才能成功

古往今来，成功之士大多拥有勤奋的品质，而懒惰的人则极少能取得事业上的成就。只有克服懒惰的恶习，才能让你不断进步。

三国时期的吕蒙是东吴将领，他英勇善战，所向无敌。

虽然深得周瑜、孙权器重，但吕蒙十五六岁就从军打仗，没读过什么书，也没什么学问。为此，同样受器重的大都督鲁肃很看不起他，认为吕蒙不过草莽之辈，四肢发达头脑简单，不足与其谋事。吕蒙自认低人一等，也不爱读书，不思进取。

有一次，孙权派吕蒙去镇守一个重地，临行前嘱咐他说："你现在很年轻，应该多读些史书、兵书，懂的知识多了，才能不断进步。"

吕蒙一听，忙说："我带兵打仗忙得很，哪有时间学习呀！"

孙权听了批评他说："你这样就不对了。我主管国家大事，比你忙得多，可仍然抽出时间读书，收获很大。汉光武帝带兵打仗，在紧张艰苦的环境中，依然手不释卷，你为什么就不能刻苦读书呢？"

吕蒙听了孙权的话十分惭愧，从此便开始发愤读书，利用军旅闲暇，读遍了诗、书、史及兵法战策。

功夫不负苦心人，吕蒙的官职一升再升，当上了偏将军，还做了寻阳令。

周瑜死后，鲁肃代替周瑜驻防陆口。大军路过吕蒙驻地时，一谋士建议鲁肃说："吕将军功名日高，您不应怠慢他，最好去看看。"

鲁肃也想探个究竟，便去拜会吕蒙。

吕蒙设宴热情款待鲁肃。席间，吕蒙请教鲁肃说："大都督受朝廷重托，驻防陆口，与关羽为邻，不知有何良谋以防不测，能否让晚辈长点见识？"

鲁肃随口应道："这事到时候再说！"

吕蒙正色道："这样恐怕不行。当今吴蜀虽已联盟，但关羽如同熊虎，险恶异常，怎能没有预谋，做好准备呢？对此，晚辈我倒有些考虑，愿意奉献给您做个参考。"

于是，吕蒙献上了五条计策，见解独到精妙且全面深刻。

鲁肃听罢又惊又喜，立即起身走到吕蒙身旁，抚拍其背，赞叹道:"真没想到,你的才能进步得如此之快……我以前只知道你一介武夫,现在看来,你的学识也十分广博啊,远非昔日的'吴下阿蒙'了!"

吕蒙笑道:"士别三日,当刮目相看。"

从此,鲁肃对吕蒙关爱有加,两人成了好朋友。吕蒙通过努力学习和实战,终成一代名将而享誉天下。

吕蒙正是因为克服了懒惰,勤奋读书,才取得了后来的成就。

我们每个人都是如此,要想成功,就必须克服懒惰的恶习。

❖ 现在就去做最重要的事情

在日常生活中,我们不难发现一些人,他们不分事情的轻重缓急,总是喜欢拖延。

有些事情的确是你想做的,绝非别人要你做。然而,尽管你想做,却总是一拖再拖。

有些人对采取行动望而却步,因为他们害怕自己干得也许不那么完美。假设你今生还有6个月的时间,你还会做自己目前所做的事情吗?如果不会的话,你最好尽快调节自己的生活,现在就去做你认为最紧迫、最需要做的事情。

其实,你所推迟的许多事情都是你曾经期望尽早完成的,只是由于某种"原因"而一拖再拖。有时你甚至每天都要对自己说:"我的确应该做这件事了,不过还是等一段时间再说吧。"

有一位新闻记者将拖延时间的行为生动地喻为"追赶昨天的艺术",这里,我们可以在后面再加半句——"逃避今天的法宝",这就是拖延时间的"作用"。

有些事情,尽管你想做,却总是一拖再拖,你不去做现在可以做的事情,却下决心要在将来某个时候去做。这样,你便可以逃避马上采取行动,同时安慰自己说,你并没有真正放弃决心要做的事情。

这种巧妙的思维过程大致如下:"我知道自己必须做这件事,可我自己真的做不好或者不愿做。所以准备以后再做,这样我便可以心安理得。"

每当你必须完成一项艰苦的工作时,你都可以求助于这种站不住脚却看似实用的逻辑。

如果你一方面坚持自己的生活方式,另一方面又说你将做出改变,那么你的这种声明没有任何意义。你不过是一个懒惰的人,最后将一事无成。

因此,为了让每一件事情都避免失败,你必须改变拖延的习惯,马上就去做最需要做的事情。

❖ 立即行动起来

立即行动可以使你保持较高的热情和斗志,能够提高办事的效率,而拖延时间只能消耗你的热情和斗志,使你无心做事。拖延之后再想让疲软的心态鼓起斗志是比较困难的。

在行动之前应该给自己定下一个合理的期限，没有一定期限的行动，常常是无效行动或效率低下。有一个时间的约束，你就能时刻提醒自己：必须马上行动，否则就完不成固定的行动计划了。

一定要将它落实，不能把它当成一句废话，在提醒自己时要起作用。不要说："以后再去执行。""以后"就意味着这次行动的失败，下次行动继续会受到自己拖延习惯的影响。

立即行动，现在就消灭掉这个坏毛病，不是很好吗？

成功只属于那些愿意成功的人，成功有明确的方向和目的。自己不愿成功，谁也拿你没办法；自己不去行动，上天也帮不了你。

有一位很有才气的学者，他想写一本书。他想写的这个主题很有趣又很少见，凭他的渊博知识和优美的文笔，这个计划完成后肯定会替他赢得很大的成就、名誉和财富。他准备立即动手写，在半年内完成。

在写这本书的第一天晚上，他坐在桌前正准备写书时，看了一下钟表，8点刚过一点，他突然想起晚上8：30有一场精彩的球赛直播，于是他没有了写书的心思，放下笔去看球赛了。他就对自己说，明天再写吧，反正时间还很多。

到了第二天晚上，一个老朋友给他打来了电话，叫他去喝酒，他犹豫了一会儿还是去赴约了。他又有了理由：朋友难得一聚，书可以明天再写。

第三天晚上，因为昨天晚上喝酒喝得太晚没有休息好，便早早地上床睡觉了。

以后的日子里，他找了各种各样的借口："今天太累了，明天再写吧""今天是双休日，得放松一下，明天写吧"……

一直以来，他都没有坐下来好好写过。很快，一年过去了，朋友问他书写得怎么样了，他却说这段时间太忙了，还没开始写，等时间充裕了一定要把这本书写好。

多么可怕的坏习惯！他日复一日地拖延着时间，总是为自己留后路，不去行动，始终没有获得应有的财富和荣誉。

不管你现在决定做什么事，设定了多少目标，你都一定要给自己设置一个期限，并且立刻行动起来，不要把今天的事拖到明天去完成。

❖ 养成良好的工作习惯

养成良好的工作习惯，有助于改掉在工作中拖延的恶习。

卡耐基对于怎样养成良好的工作习惯曾提出了一些建议，让我们晕头转向的并不是工作的繁重，而是我们没有搞清楚自己有多少工作，该先做什么。

有些人的办公桌上，堆满了可能几个星期都不会看一眼的文件。一家报社的发行人说，有一次他的秘书帮他清理了一张桌子，结果发现了一部两年来一直找不着的打字机。

光是看见桌上堆满了还没有回的信、报告和备忘录等，就足以让人产生混乱、紧张和忧虑的情绪。更坏的事情是，经常让你想到"有100万件事情待做，可是没有时间去做它们"，不但会使你心烦意乱，而且还可能使你患病。

卡耐基说：我最欣赏两种能力：第一，能思考；第二，能按事情的重要程度来做事。卢克曼在12年之内，从一个默默无闻的人变成了公司的董事长。他说这都归功于他具有卡耐基所说的那两种能力。卢克曼说："就我记忆所及，我每天早上都在5点钟起床，因为那时候我的思想要比其他时间更清楚。那时候我可以考虑周到，计划一天的工作，按事情的重要程度来决定做事的先后次序。"

白吉尔是美国最成功的保险推销员之一，他不会等到早上5点钟才计划他当天的工作，而是在头一天晚上就已经计划好了。他替自己订下一个目标，订下一个在那一天要卖掉多少保险的目标。要是他没有做到，差额就加到第二天，依此类推。

卡耐基说："一个人遇事，要拿得起，放得下。要有当机立断的做事习惯。"

霍华说，当他在美国钢铁公司担任董事的时候，开董事会总要花很长时间，在会议里讨论很多很多的问题，达成的决议却很少。其结果是，董事会的每一位董事都得带着一大包的报表回家去看。

最后，霍华先生说服了董事会，每次开会只讨论一个议题，然后得出结论，不耽搁、不拖延。这样所得的决议也许需要更多的资料加以研究，也许有所作为，也许没有，可是无论如何，在讨论下一个问题之前，这个问题一定能够达成某种决议。结果非常惊人，也非常有效。所有的陈年旧账都清理了，日历上干干净净的，董事也不必再带着一大堆报表回家，大家也不会再为没有解决的问题而心烦。

这是个很好的办法，不仅适用于美国钢铁公司的董事会，也适用于每一个人。

❖ 什么事情先做起来再说

有了想法，就赶快行动，等一切条件都具备时再动手，就已经晚了，什么事情先做起来再说。

说起王跃胜有些人不大熟悉，但是说起"飞宇"网吧，北京大多数人不会陌生。在拥挤的北京市区地图上，可以清晰地看到它的位置。王跃胜就是"飞宇"网吧的CEO。

王跃胜是一个农民，可别人说他不是一个一般的农民，是个现代的城市农民。他在号称中国"硅谷"的中关村核心地带北京大学南门外开网吧，一开就是18家，而在全国，他开了300家。王跃胜相信"网络改变命运"这句话，因为他自己已经彻底被网络改变了命运。在他的网吧里，几十万人学会了上网。

王跃胜最初做的是煤矿工人。他原以为当上工人，家里便有了依靠，可他以前没干过重体力活，下井才七天，就弄得浑身是伤。后来，也曾清理过马圈，扫过煤路。看着又脏又累又无聊的工作，王跃胜问自己：难道一辈子就做这个？

那是1982年，王跃胜从父亲那里要了80元钱，又东拼西凑了100多元。这总共不到200元钱就是他准备挖第一桶金的全部资金了。他四处筹资，办起了加油公司，很快积累了可观的收入。但是，他并没有停止前进的脚步。1997年5月，公司上了一套电脑管理系统，刚开始也没觉得怎么好使。慢慢地，他发现每月结账的时候，它的作用特别大，以前需要两三天才能结清的账，计算机十几分钟就解决了。

有了电脑管理系统，也带来了新的问题。因为需要维护设备，使用软件，公司又没有人懂，一有问题就要往北京跑，太麻烦了。于是，王跃胜想：不如在北京开个公司，找几个高科技人才，办事也方便。

1997年7月，王跃胜第一次来到中关村。他在北京待了两个月，几乎走遍了中关村的每个角落，深切地体会到电脑软件门外汉的滋味，认识到再靠当年的苦干是不行了，根本无法立足。一次偶然的机会，王跃胜进了一家网吧，发现里面全是大学生。这时一个想法在他的脑海中产生了：既然大学生都喜欢去网吧，那就开一个网吧，既能交朋友，又能找人才。

主意一定，他就开始选地方，北大、清华、理工大、北航等学校一比较，发现还是北大这边好，小南门离学生宿舍才几十米，出门就能上网，并且还处于中关村的核心地带，周围辐射清华、人大，所以就选了北大南门。1998年2月14日，飞宇网吧开业了。

飞宇网吧每天的电脑上网率达到23.6小时。大学未放假时，几乎每天可以看到排队等候上网的奇景。

"想到了好主意，我一定会马上实行，就像我办加油站那样。"王跃胜如是说。憨厚的王跃胜告诫年轻人，有了想法，就赶快行动。

斯太菲克是美国伊利诺伊州一个退役军人，在军人管理医院疗养的时候，他在经济上已经破产了。在他逐渐康复期间，没有太多的事情可做，有一段时间特别茫然。通过看报纸，斯太菲克得知，许多洗衣店都把刚熨好的衬衣折叠在一块硬纸板上，使衬衣保持平整，避免折皱。他给洗衣店写了几封信，获悉这种衬衣纸板一千张要花

第十二章 分秒必争的习惯

费4美元。

突然间,他想到了一个主意:以一千张1美元的价格出售这些纸板,并在每张纸板上登上一则广告。登广告的人当然要付广告费,这样他就可从中得到一笔收入。斯太菲克有了这个想法以后,就着手去做了。

由于他在广告领域是个新手,所以他遇到了一些问题,但他努力了解情况,逐步克服存在的困难和问题,并最终取得了成功。后来他决定以提高服务效率来增加他的业务。他发现衬衣纸板一旦从衬衣上撤除之后,就不会被使用者保留。于是,他给自己提出了这样一个问题:"怎样才能使许多家庭保留这种登有广告的衬衣纸板呢?"

他解决的方法是在衬衣纸板的一面印一则黑白或彩色广告,在另一面,他增加了一些新的东西——一个有趣的儿童游戏、一个供主妇用的家用食谱或者一个引人入胜的字谜。

很快便产生了效果。有一次,一位男子抱怨,他的妻子把刚洗好的衬衣又送到洗衣店去了,而这些衬衣他本来还可以再穿穿。他的妻子这样做仅仅是为了多得到一些斯太菲克的菜谱。

斯太菲克并没有就此停滞不前,而是进一步扩大了业务。斯太菲克把他从各洗衣店所收到的出售衬衣纸板的收入全部送给了美国洗染学会。该学会则以建议每个成员应当使自己以及他的同业工会只购用乔治·斯太菲克的衬衣纸板作为回报。

瞬间的灵感给乔治·斯太菲克带来了可观的财富。他发现:拿出一段时间,专用于思考,对于成功地吸引财富是十分必要的。如果养成了勤于思考的习惯,你就会惊奇地发现:无论任何时候、任何地方,比如洗涤碗碟时、骑自行车或洗澡时,你都可以获得一些奇异的灵感。

你一定要使用人类曾经发明的最伟大而又最简单的劳动工具——被爱迪生那样的天才所应用的工具——一支铅笔和一张纸。这样，你就可以像他那样记录随时来到你心中的灵感。

随时记录突如其来的灵感，要形成一种习惯。有了想法，记下来，然后付诸实施，这才是成功者的做法。

不少人认识到树立目标的重要性，但却不知道灵感对于成功的作用。所以了解了这一点，对于你的人生和事业非常重要。

成功的人大都是能够很好利用灵感的人。其实，在很多领域，纵观许多成功人士的经历，我们可以得到这样一条结论：许多成功的机会往往来自瞬间的突发奇想。珍惜你的灵感，或许是你走向成功的起点。

❖ 今日事，今日毕

本杰明·富兰克林曾说过：今天可以做完的事，一定不要拖到明天。如果我们时时抓住"现在"，那么我们就能完成许多事情；反之，如果常想"明天"或"将来什么时候"，我们将会一事无成。

张海迪是著名作家，被誉为"当代保尔"。在5岁时，她因患血管瘤导致高位截瘫。每当她坐在窗口，看着那些上学小孩的身影，心中就无比羡慕，她也想去学校读书啊！可是，对海迪来说，这只能是梦。一天，她终于按捺不住心中的渴望，对妈妈说："妈妈，我要上学!"话音刚落,她就看见妈妈背过身,用手抹着眼角。张海迪想,妈妈一定是哭了。

妈妈说:"孩子,妈妈和爸爸会让你学到知识的!"

见张海迪这样渴望上学,渴望学习知识,妈妈说什么也要满足她的心愿,不能去上学,家里请不起老师,爸爸妈妈只能在下班后亲自教她。

张海迪很高兴,也特别爱学习,但手术造成的肋间神经痛时时折磨着她病弱的身躯。有时,她实在感到疼痛或疲倦,连作业都无力完成时,就对妈妈说:"这些作业我明天再做行吗?"妈妈却郑重地对她说:"今日事,今日毕!"听了妈妈的话,张海迪明白,学习是自己的事,决不能拖拉,就在心里告诉自己:"我要像在学校读书的孩子一样,每天完成作业!"于是,她每天都定下计划,不完成当天的计划不睡觉,决不把今天的事拖到明天去做。

就这样,没有机会走进校门的张海迪靠发奋努力,学完了小学、中学的全部课程,还自学了英语、日语、德语等,并攻读了大学本科和硕士研究生的课程。在学习的同时,她还从事文学创作,先后翻译了《海边诊所》等数十万字英语小说,编著了《向天空敞开的窗口》《生命的追问》《轮椅上的梦》等书籍。

今天的事情不能拖到明天再做,只有能够掌握好自己的时间的人,才能掌握好自己的前途。

李大钊说:"我以为世间最可宝贵的就是'今',最易丧失的也是'今'。"他还引用哲学家耶曼孙的话说:"昨日不能捉回来,明天还不确定,而最确有把握的就是今日,今日一天,当明天两天。"应该懂得,补昨日之非,创今日之是,必须通过今天的努力;谁要今天胜过昨天，明天又胜过今天，也只有努力于今天；虚度今天，就是毁了昔日成果，丢了来日前程。

一个人不抓住"今天"，就等于丧失了明天，因为当明天到来的时候，又转化成为"今天"。所以，今天最有潜力，最有价值。只有今天，才能揭示人生的意义，只有今天，才能描绘意想中"明天"的画卷。"今日事，今日毕"应该成为我们的行动格言，应该用智慧挖掘今天的宝藏，用汗水开发今天的生活。

"今日事，今日毕"，不要等明天再补。许多人也知道时间珍贵，可总是抓不住，这是什么原因？一个重要的原因是这些人往往只寄希望于"明天"，这些人的一个共同特点，就是喜欢预支时间，总是一次又一次地把希望寄托在明天，所以，许多宝贵的学习时间就这样在自我安慰中悄悄地跑掉了。他们干一番事业的愿望总在设想阶段。

好像一粒种子，在手里老是掂来掂去，总没有机会播到泥土里，让它生根、开花、结果，最后种子也坏了，再也种不了了。正如《堂吉诃德》的作者塞万提斯所讲："取道于'等一等'之路，走进去的只能是'永不'之室。"

要把今天的事情做完，首先要合理安排自己的时间，千万不要把时间平均分配，而是应该把有限的时间集中到处理最重要的事情上，要机智而勇敢地拒绝不必要的事和次要的事。要善于把握时间，每一个机会都有可能是事情转折的关键时刻，有效地抓住时机，就可以牵一发而动全局，要用最小的代价取得最大的成功，促使事物往好的方面转变，推动事情向前发展。

❖ 养成"现在就去做"的好习惯

一个人的成功与他的行动密不可分。假如你有拖延的习惯，不妨以"现在就去做"为座右铭，时刻提醒你别拖延。

"种下行动就会收获习惯；种下习惯便会收获性格；种下性格便会收获命运。"心理学家兼哲学家威廉·詹姆士这么说。他的意思是——习惯造就一个人，你可以选择自己的习惯，但是好的习惯会是你取得成功的助剂。

只要一息尚存，在说过"现在就去做"以后，就必须身体力行，无论何时必须行动。"现在就去做"从你的潜意识闪到意识里时，你就要立刻行动。

不要拖延，先做了再说。

要记住"现在"就是行动的时候。

如果下定决心立刻去做，那么你最渴望的梦想也能实现。孟列·史威济正是如此。

史威济非常喜欢打猎和钓鱼，他最喜欢干的事就是带着钓鱼竿和猎枪步行五十里到森林里待上几天，虽然筋疲力尽，满身污泥但却快乐无比。

然而，他是一名保险推销员，打猎钓鱼太花费时间。有一天，当他依依不舍地离开心爱的钓鱼湖准备打道回府时突发奇想，如果自己能在这荒山野地里找到需要保险的居民，那自己不就可以兼顾生活和工作了吗？结果真的被他找到了，他们是阿拉斯加铁路公司的员工，散居在沿线各段路轨附近。自己不妨就沿着铁路向这些铁路工作人员、猎人和淘金者出售保险。

就在史威济想到这个主意的当天，他就开始积极计划。他向一个旅行社打听清楚以后，就开始整理行装。

史威济沿着铁路走了好几趟，那里的人都叫他"走路的史威济"，他成为那些与世隔绝的家庭最受欢迎的人，因为之前没有人愿意跟他们打交道。

史威济的到来，让他们兴奋不已。他不仅学会了理发，还免费为当地人提供服务，而且他还学会了烹饪，让那些吃厌了罐头和腌肉食品的单身汉时常能尝鲜。而他自己呢，不仅成功推销出去不少保险，还可以做自己喜欢的事——徜徉于山野之间，打猎、钓鱼，过上了自己想要的生活。

在孟列·史威济的故事中，最使人惊讶的是：在他产生突发奇想后，就动身前往阿拉斯加的荒原，一年之内就做成了百万元的生意。假使他在突发奇想时，对于做事的秘诀有半点迟疑，这一切都不可能发生。

"现在就去做"可以影响你生活中的每一部分，它可以帮助你去做该做而不喜欢做的事；在遭遇令人厌烦的任务时，它可以教你不拖延。但是它也能像帮助孟列·史威济那样，帮你去做你"想"做的事。

所以，请你记牢这句话："现在就去做！"它能让你收获一个更优秀的自己。